TU VIAJE CON JESÚS

JumpStart
Volumen Uno
Edición en español

Dr. Paul M. Reinhard

¡Gracias, Pastor Guillermo Flores,
por tus oraciones, estímulo,
y cooperación en el evangelio.
Gracias, Pastor Nelson E. Aguillon Sr.,
por tu trabajo en la traducción de JumpStart!
¡Gloria a Dios!

Casa de Publicaciones Out of the Box
San Bernardino

DERECHOS DE AUTOR Y PERMISOS
Por:

Dr. Paul M. Reinhard

Con derechos de autor 2015

Se concede permiso para citar
párrafos para el uso en la iglesia o grupos pequeños.
Preguntas y ejercicios individuales
pueden ser utilizados por: iglesias, capillas, y grupos pequeños.
La copia y el uso de Sesiones completas deberán ser aprobadas por escrito, por el autor.

PAULMREINHARD@GMAIL.COM
Llamada o Texto al 909-855-9695

"Pasajes bíblicos tomados de la Biblia NEW AMERICAN STANDARD BIBLE (R),
Derechos reservados (C) 1960, 1962, 1963, 1968, 1971, 1972, 1973, 1975, 1977, 1995
por La Fundación: The Lockman Foundation. Utilizados con permiso".

Las citas bíblicas son tomadas de la Santa Biblia, Nueva Traducción Viviente,
Derechos reservados ©1996, 2004, 2007, 2013, 2015
por la Fundación Tyndale House Foundation.
Utilizados con el permiso de la Casa de Publicaciones Tyndale House Publishers, Inc.,
Carol Stream, Illinois 60188. Todos los derechos son reservados.

Las citas bíblicas tomadas de la Versión Reina Valera 1960
provienen del dominio público.

"Citas bíblicas tomadas de El Mensaje.
Derechos reservados © 1993, 1994, 1995, 1996, 2000, 2001, 2002.
Utilizadas con permiso del grupo de publicaciones NavPress Publishing Group".

Ilustraciones de portada con licencia de Istockphoto.com
Edición de octubre 2016

EL NACIMIENTO DE JUMPSTART:

Usted tiene en sus manos un libro especial. No hay nada que se le parezca. El Pastor Paul estaba sentado en el restaurante Georges, en Colton, California. Su amigo Frank le dijo: "Entonces, ¿qué vas a escribir?" Frank sabía que Paul había estado pensando y orando respecto a esta pregunta durante muchos meses. Paul se encontraba en el Programa Dmin. del Seminario Golden Gate y estaba ansioso respecto al discipulado, el liderazgo y la consejería. La mayoría de las iglesias no tienen un sólido historial de logros en la consejería para nuevos creyentes. Eso es una parte crucial en el proceso del discipulado. Paul pensó y oró acerca de los temas y pasajes bíblicos que lo ayudaron a encontrar a Cristo y crecer en su fe. Pensó en el proceso, al azar, que él siguió durante un lapso de muchos años.

Cuando Frank fue al mostrador por la comida, Paul tomó un bolígrafo y una anticuada libreta amarilla. Él escribió. Principió en el Jardín, LA SEPARACIÓN. Cristo la reparó en la cruz, LA SOLUCIÓN. Nuestro primer paso de obediencia es el bautismo, EL BAÑO. Cuando salimos del agua recibimos el Espíritu Santo, EL PODER. Si un creyente va a saber y crecer, necesita estudiar la Palabra de Dios, LA ESPADA. A medida que crece en la fe, la oración se hace esencial, LA CONEXIÓN. En ese momento Frank regresó con el desayuno y Paul dijo: "No hables". Frank sonrió y comió.

Dios llama a todos Sus hijos a servir, LA INVITACIÓN. Si vas a tener un trabajo en el Cuerpo de Cristo necesitas herramientas, EL EQUIPAMIENTO. Si Dios nos da dones debemos usarlos, EL ADMINISTRADOR. Jesús tenía un plan para alcanzar el mundo, LA MISIÓN. Es esencial que ejecutemos el plan de Dios a la manera de Dios, EL MÉTODO. Si vamos a servir a Dios y a hacer discípulos debemos saber cómo comportarnos, LO QUE SE DEBE y LO QUE NO SE DEBE HACER. Dios llama líderes, maestros y mentores a un estándar más elevado por lo que es esencial explorar, EL CARÁCTER. Los creyentes deben saber cómo es la vida de una iglesia saludable, EL CUERPO. Por último, pero no menos importante, el pueblo de Dios necesita una base bíblica para grupos grandes, grupos pequeños, y mentores, EL MODELO.

Frank estaba terminando su desayuno y la comida de Paul se había enfriado El esquema laboral para JumpStart había iniciado. Una intensa temporada de oración y preparación fue finalmente puesta por escrito. Paul escribió las Sesiones para JumpStart, las predicó y finalmente las utilizó como base para su Proyecto Doctoral: **FORMACIÓN DE MENTORES PARA UTILIZAR EL PLAN DE ESTUDIO JUMPSTART EN LA IGLESIA NORTHPOINT CHRISTIAN FELLOWSHIP.**

La oración de Paul es que mentores, estudiantes, grupos pequeños e iglesias, abran sus corazones a Dios y a los demás. Que profundicen en la preciosa Palabra de Dios. Su oración es que las almas se salven, vidas cambien, la fe aumente, las cadenas se rompan, discípulos sean hechos, y grandes líderes del Reino se levanten. Él sabe que esto tomará mucho más que JumpStart, ¡pero toda caminata requiere de un primer paso! Los nuevos creyentes necesitan una lógica caminata de descubrimiento espiritual. Necesitamos hechar raíces antes de florecer.

BIENVENIDO A JUMPSTART
Su Viaje con Jesús

¿Cómo se conecta a una nueva Iglesia?
¿Cómo descubre lo esencial de la fe cristiana?
¿Cómo principia el proceso de preparación para el servicio cristiano y el liderazgo?

Está a punto de iniciar una caminata de dieciséis semanas que le dará un "JumpStart" a su vida espiritual. Si es nuevo a la fe cristiana, este es un buen inicio. Cubrirá los conceptos esenciales. Si es nuevo a la vida de la iglesia, esto le dará un agudo sentido de la misión y el método de Dios. Si está listo para participar en servir o liderar: esto lo llamará, desafiará y equipará para que aprenda, crezca y vaya. Hay algo para todos.

Usted disfrutará de dieciséis vibrantes temas. Durante la semana leerá La Biblia, responderá las preguntas de reflexión y memorizará pasajes claves de La Biblia. Luego se reunirá con su Mentor o grupo pequeño para compartir lo que Dios le ha mostrado. Este es el momento en que el hierro afilo al hierro. Es aquí donde comparte, cuestiona, ora, llora, ríe y crece. Es su momento clave de reunirse con Dios y con quienes lo aman.

Al iniciar Jumpstart, enfóquese en el objetivo final. ¡Oro que usted esté en camino a convertirse en un SEGUIDOR DE CRISTO QUE GANA ALMAS Y DISCIPULA ALMAS! Quiero ayudarle presentándole a Cristo, para que lo conozca, para que crezca en Él, para que lo siga y lo sirva. A medida que se someta a Su Señoría, Él le revelará sus dones espirituales y su llamado al Cuerpo de Cristo y del mundo. Use esos dones para Su gloria.

Creo que Jesucristo llama a todos sus discípulos a hacer discípulos. Los seguidores de Cristo invitan a otros a seguir a Cristo. Este asombroso proceso tiene miles de años. Dios nos envía personas que motiven nuestro crecimiento espiritual y luego nos usa para ayudar a estimular a otros en su crecimiento espiritual. La iglesia americana moderna ejerce bien lo relacionado a la adoración y los grupos pequeños. Oro para que JumpStart llene el vacío de hacer discípulos y avive el fuego en todos nuestros corazones.

En el estudio le animaré a que se una a la Celebración de su iglesia local y a un Grupo Celular. Creo que adorar juntos es una Celebración. Hacemos vida juntos en Grupos de Células. Crecemos y profundizamos en la Consejería. No se frustre con los títulos que les doy. Lo importante son las Escrituras que estudiaremos para esclarecerlos.

Me emociona que Dios nos hay unido. Todos pecamos y somos salvos por gracia. Somos peregrinos en el camino del Señor. Nadie es perfecto. Tampoco nadie de nosotros lo sabe todo. Pero, debemos amar el enfrentamiento con las preguntas. Te agradezco el privilegio de compartir JumpStart contigo. ¡Te amo y ya estoy orando por ti!

CÓMO PRINCIPIAR EL ENTRENAMIENTO DE MENTORES JUMPSTART EN SU IGLESIA

Si desea programar JumpStart,
el entrenamiento de mentores para su iglesia u organización,
por favor comuníquese con el Pastor Paul.

Paul también está disponible para el evangelismo,
la predicación, y la capacitación de grupos pequeños.

Él fue Pastor de la iglesia NorthPoint Christian Fellowship
en San Bernardino, California for veintiún años.

Ellos sobrevivieron y unificaron terribles divisiones,
un cambio de nombre, un cambio de constitución / estatutos,
un incendio provocado muy costoso,
y la reconstrucción del santuario,
una compañía de seguros en quiebra,
campaña de fondos de capital,
seis años de configuración y desmantelamiento en una Cabaña.

A Paul le encanta entrenar Pastores e Iglesias que están
enfrentando pruebas, transiciones y forjando la visión
de su próxima época de ministerio.

Él puede ser alentador, sugerente y molesto.
¡Los Pastores, ex boinas verdes, tienden a pensar de esa manera!

Llamar / enviar texto
1-909-855-9695

Correo electrónico
PAULMREINHARD@GMAIL.COM

Guía Para el Viaje JumpStart

Introducción:

Cada semana presentaremos la sesión y le daremos una idea del tema que cubrirá. El propósito de Jumpstart es ayudar a que un buscador se convierta en un cristiano, a que un cristiano se convierta en un miembro activo de la iglesia, y a que un miembro activo de la iglesia se convierta en un SEGUIDOR DE CRISTO QUE GANA ALMAS Y LAS DISCIPULA. Es mi oración este estudio sea un paso clave en el camino para desarrollar y equipar líderes que ganen ciudades para Jesús, una persona a la vez.

Versículo Clave:

La Palabra de Dios es viva y activa. Es nuestra espada. Tiene el poder de reprender, corregir, educar y entrenar al aspirante a siervo de Dios. Cada semana pasará tiempo leyendo las Escrituras. Las sesiones principian con un tema, pero crecen fuera de la Palabra. Haga el tiempo para leer la Palabra. Medite en la Palabra. Reflexione en la Palabra. Mastique la Palabra. A medida que la Palabra de Dios penetra en lo más íntimo de su ser, encontrará que su mente y su espíritu principian a cambiar. La Palabra le tornará del mundo, a Cristo. Le soltará de sus cadenas al pasado y le equipará para un futuro asombroso. Cada semana habrá un Versículo Clave para la Memorización y Reflexión. Este versículo capturará lo principal de la Sesión. Invierta tiempo diariamente en el versículo clave. Esto permitirá que el tema de la semana obre en su espíritu y estimule su forma de pensar.

Lección:

Durante la Lección, usted examinará las Escrituras que desentrañan el tópico de la semana. Habrá algún comentario, algo para compartir, y algunas historias. Sobre todo, habrá preguntas que le guiarán hacia el rico significado de las Escrituras. Estos no serán estudios exhaustivos de la Biblia. Ese es un proceso vitalicio. Éstas son porciones de las Escrituras que muchos líderes cristianos han encontrado que son excepcionalmente útiles en EL ARRANQUE de sus caminatas espirituales. Esto puede ser un repaso, lo su introducción a una vida en el emocionante estudio de la Biblia!

Conclusión:

Aquí encontrará algunos pensamientos de conclusión y desafío. Nuestro deseo es que cada Sesión le abra su pensamiento a un concepto clave en su fe cristiana. Durante las semanas usted edificará sobre lo que ha aprendido y profundizará en su comprensión de lo que significa vivir, servir y ministrar como cristiano. Aprender es el primer paso hacia convertirse, lo cual lleva al hacer. ¡Quiero que sea y haga para Jesús!

Repaso de las Sesiones de JumpStart
Su Viaje con Jesús
Volumen Uno

# 1	La Separación	¿Para qué te creó Dios que fueras e hicieras? ¿Qué fue lo que lo estropeó?
# 2	La Solución	Adán y Eva lo perdieron, pero Jesús lo recuperó todo.
# 3	El Baño	¡Bañarse es parte de la limpieza! El bautismo es la proclamación pública de su nueva vida en Cristo Jesús.
# 4	El Poder	de Dios le ha dado una increíble fuente de poder, educación, y consuelo. ¿Quién es el Espíritu Santo, y qué parte hace Él en su vida?
# 5	La Espada	Los cristianos tienen enemigos. Usted es un soldado en la batalla. Dios le dio un arma muy poderosa. Dele un vistazo a la espada del espíritu, que es la Palabra de Dios.
# 6	La Conexión	La oración fue el teléfono móvil original. Nuestro Dios nunca pierde una llamada.
# 7	La Invitación	Dios tiene trabajo para que Sus hijos hagan. ¿A quién llama? ¿A quién usa? ¿Qué podría Dios tener para usted?
# 8	El Equipamiento	Usted necesita herramientas para el trabajo. Dios ha dado a cada uno de Sus hijos un don espiritual, impresionante talento y habilidad. ¿Qué dones le puede dar Dios para cumplir el ministerio que Él le ha llamado excepcionalmente a hacer?

Repaso de las Sesiones de JumpStart
Su Discipulado Cristiano
Volumen Dos

#9	El Administrador	Debido a que somos hijos de Dios, y porque Él nos ha dado un trabajo para hacer, Él nos dará los recursos que usaremos en Su nombre. Cuando realmente nos vemos como un conducto de Dios al mundo, cambiará la forma en que vemos nuestro tiempo, talento y tesoro.
#10	La Misión	Dios nos llama a compartir sus buenas nuevas con el mundo. Principiamos ese proceso con nuestro OIKOS. [Nuestro círculo inmediato de influencia.] Usted ya interactúa con estas 8-15 personas semanalmente. Dios quiere alcanzarlos a través de usted.
#11	El Método	Jesús llamó discípulos a sus seguidores. Él llamó a Sus discípulos a que hicieran discípulos. Estamos en esa línea antigua. ¿Cómo la transmitimos?
#12	Qué Hacer	¿Cuáles son las cosas apropiadas que los cristianos pueden hacer?
#13	Qué no Hacer	¿Qué le pide Dios a los cristianos que no hagan?
#14	El Carácter	El carácter es el requisito principal para los líderes cristianos. ¿Cuál es el estándar de Dios para Sus líderes? ¿Cómo se ve un líder piadoso? ¿Qué nos costará el mal carácter?
#15	El Cuerpo	Cuando te conviertes en un cristiano, Dios te da la bienvenida a Su familia. ¿Cómo trabajamos unidos en Su Cuerpo, la Iglesia?
#16	El Modelo	Su última sesión de JumpStart, examinará el papel de grupos grandes, grupos pequeños, y los mentores del relato bíblico. Las iglesias pueden llamar por diferentes nombres estas partes del ministerio. Pero la mayoría de ministerios con un crecimiento saludable, tienen tres.

Gracias:

Me siento reacio a decir gracias porque muchas personas me han ayudado en la jornada de mi vida hasta ahora. Me siento mal dejando a alguien fuera. Así que a todos ustedes que han sido parte de mi caminata, por favor acepten mi humilde agradecimiento.

Estoy muy agradecido con mi querida y dulce esposa Karen. Te mudaste de Tujunga, a Glendale, a Sunland, a Fresno, a N.J., y a San Bernardino. Hiciste trabajo por pieza para ayudarme en la escuela y has hecho todo para ayudarme en el ministerio. Cuando la mayoría de las mujeres desfallecen y se preparan para la jubilación, tú permitiste mi preparación para obtener un DMin. JumpStart no existiría sin tu increíble disposición a persistir conmigo. Te quiero, honro, y te doy las gracias. Lo mejor aún está por llegar.

A mis maravillosos hijos, amadores de Dios. Ellos dejaron a sus amigos de Fresno. Nunca olvidaré la noche en que mirándome desde el otro extremo de la mesa en la cocina me dijeron: "Si Dios te está llamando a estudiar en Filadelfia, es mejor que vayas. ¡Y nosotros también iremos!" ¿Qué más puede desear un padre? Sus esposas e hijos aman y sirven a Jesús. ¡Estoy muy orgulloso de todos ustedes!

Estoy agradecido con mamá, papá, mi hermana y la familia de Glendale. Me enseñaron a ser una familia. En cada cumpleaños, Día de la Madre, Día del Padre, y días festivos; siempre mostraron amor y dijeron que mi lugar en la mesa siempre estaría disponible.

A Camp Fox, al Sr. Stewart, a los Navegantes de Fort Bragg y al Capellán Stephenson; les doy las gracias por hablarme de Jesús. Dr. David Brown, Dr. Howard Taylor, Dr. Bruce Baloian, y Dr. Ralph Neighbor, Jr.: gracias por su paciencia, persistencia y fe en un estudiante a veces agobiante y problemático. A Michael Weiss, que recién envió JumpStart al Congo para su traducción al Swahili, ¿qué puedo decir? Eres mi hermano. Gracias: Leslie, Darla, Traci, y Juan por revisar mis garabatos.

A mi familia de NorthPoint que me ayudó a luchar por mi DMin., por la prueba beta, por la revisión y criticismo de JumpStart, los amo y muchas gracias a todos. Su disposición a empujarme significa más de lo que las palabras puedan expresar. Darme alas, fue el plan de Dios.

Por último, pero no menos importante, a mi equipo de correctores en Texas: alentadores, cuestionadores y guerreros de oración. Perry, Della, Pat, Stan, Frank, Darla, Traci, Karen, Teri y todos sus hijos. Paul Alton Sandifer, los amo y estoy orgulloso de ser uno de ustedes. Y a todos los que pasen tiempo con JumpStart, un Mentor y la Palabra de Dios: los bendigo. ¡Oro que Dios te edifique, te envíe, sane tu corazón, llene tu mente y te use a Su gloria de maneras nuevas y maravillosas! Que JumpStart sea una semilla de mostaza en la mano de Dios. ¡En el nombre de Jesús, AMEN!

JumpStart: Sesión 1

"La Separación"

> ### Introducción:
> Bienvenido a su primera sesión de JumpStart. Está a punto de descubrir el origen de la terrible separación que existe en nuestro mundo de hoy. Países luchan contra países y las personas tienen conflictos entre sí. Existe una razón para toda esta angustia. Principia con nuestra separación de Dios.

Génesis 1-3 has 2 relatos de la historia de la creación. Uno presenta el "panorama completo" mientras que el otro brinda más detalles. Lealos juntos y le presentarán un cuadro impresionante.

Versículo Clave para Memorización y Reflección: Genesis 1:1 (NTV)
En el principio, Dios creó los cielos y la tierra.

Lección:

Génesis cuenta la historia de una gran creación. También revela una trágica caída. Esta caída causó una terrible separación. Los elementos de esa separación aún están activos en el mundo de hoy. Examine estas ideas clave en el tema de hoy, ¡y apliquelos a su vida y relaciones!

1. Lea Génesis 1:1-31

A. ¿Qué dice Dios acerca de usted en el versículo 31?

___

¿Cómo le hace sentir esto?

___

B. En el versículo 26 Dios dijo: "Hagamos a los seres humanos a nuestra imagen". Esta sencilla oración es muy importante. Dios es parte de nosotros. El Espíritu de Dios es parte de nosotros. Colosenses 1:13-17 presenta la identidad del tercer y último miembro en "Hagamos". ¿Quién es?

___

2. Usted es importante para Dios. ¿Para qué lo creó? Génesis 1:26b.

___

3. Lea Génesis 2
A. ¿Qué le dijo Dios a Adán que no hiciera? Génesis 2:15-17

___

B. Si usted fuera Adán, ¿hubiera obedecido?
¿Qué cree que hubiera hecho? ¿Por qué?

___

4. Lea Génesis 3
A. ¿Cómo tergiversó la serpiente las Palabras de Dios cuando tentó a Adán y Eva en Génesis 3:1-6?

5. Tres cosas terribles ocurrieron cuando Adán y Eva desobedecieron a Dios. ¿Cuáles fueron? Génesis 3:7

___

¿Qué sintieron e hicieron? Génesis 3:10

___

¿Ha tenido alguna vez estos sentimientos? ¿Se ha escondido alguna de Dios?

___

> **RECUERDE:**
> **EL PECADO ES LA FUENTE DE LA SEPARACIÓN**

6. Cuando Adán y Eva desobedecieron a Dios, se enfrentaron entre sí. Lea Génesis 3:11-13

A. ¿A quién culpó Adán por su pecado?

B. ¿A quién culpó Eva por su pecado?

C. ¿Alguna vez ha negado la responsabilidad de sus propias acciones y culpó a alguien más? ¿Cuál fue el resultado?

7. Cuando Adán y Eva desobedecieron a Dios, hubo consecuencias eternas. ¿Cuáles fueron? Génesis 3:22-24

Conclusión:

La Sesión de esta semana revela las raíces históricas de la separación entre Dios, nosotros y otros. ¿Ha experimentado alguna vez ha experimentado el separador poder del pecado en su propia vida o en las vidas de los que le rodean? Piense en la familia, el trabajo, los deportes, e incluso la iglesia.

Oración:

Señor: Por favor inicia el proceso de sanar cualquier relación rota que pueda tener. Abre la puerta hacia Ti y a los demás. Entiendo que esto me puede causar temor. Puede que ni siquiera esté preparado para ello. Pero te pido que entres en mi vida y hagas lo que quieras. En el nombre de Jesús, AMÉN

JumpStart Asesoría 1

"La Separación"

Tocando Base:

Tome su tiempo para olvidar el ajetreo del día. Respire profundo y relájese. Averigüe cómo le va a su mentor/aprendiz. Oren unos por otros. Pida al Espíritu Santo que venga, sea su maestro, y guíe su tiempo juntos. RECUERDE: Este es su tiempo. Algunos días usted puede profundizar en el tema. Otros días usted puede enfocarse en los problemas urgentes de la vida. Puede haber Sesiones de asesoría en que la lección sea pospuesta para la próxima semana e ir a almorzar, nadar o dar una caminata. ¡Mantenga la ruta, pero pare y huela las rosas! Disfrute de Dios y de los demás. Quiero que cada semana, este sea un tiempo precioso y maravilloso.

Conversaciones rompehielos:

1. ¿Qué parte de la creación le sorprende más?
   [El cielo, el océano, animales, etc.]

   _____

   _____

2. ¿Cómo se conectó con Dios la familia donde creció? ¿Se conectaron?

   _____

   _____

3. ¿Cómo se llevaba esta familia entre sí? ¿Qué tan conectados o desconectados están hoy?

   _____

   _____

4. ¿Alguna vez se ha sentido usted desconectado de Dios?

   _____

   _____

5. ¿Cómo está su relación con Dios ahora mismo?

   _____

   _____

6. ¿Cómo trata normalmente con sus relaciones? ¿Tiende a permanecer conectado o tiende a desconectarse?
___
___
___
___

7. ¿Existe un área de desobediencia activa que en la actualidad, le separa de Dios?
___
___

8. ¿Está usted en algunas relaciones tensas o rotas que necesitan ser sanadas?
___
___

OIKOS:

Cada sesión de asesoría incluirá un pensamiento en OIKOS. Estos pensamientos enfocarán su atención en los que le rodean. OIKOS es la palabra griega para el hogar. En la antigüedad, una familia podía estar formada por padres, hijos, abuelos, tías, tíos, hermanos, hermanas, sirvientes o trabajadores. A través de JumpStart examinaremos cómo Dios usa el concepto de OIKOS en nuestras vidas y la edificación de Su iglesia.

JumpStart: Sesión 2
"La Solución"

> ### Introducción:
> En la primera sesión, examinamos el origen y el trágico resultado de nuestra separación de Dios. Esta semana, examinaremos la gloriosa Solución a esta Separación. El tema de la salvación cubre innumerables libros. Estudios sobre la cruz de Jesucristo llenan innumerables estanterías. ¡Esta Sesión apenas rozará la superficie de este magnífico e infinitamente importante tema! Disfrútelo.

Versículos Claves para la Memorización y Reflección: 2 Co 5:21 (NTV) Pues Dios hizo que Cristo, quien nunca pecó, fuera la ofrenda por nuestro pecado, para que nosotros pudiéramos estar en una relación correcta con Dios por medio de Cristo.

Lección:

Si el pecado fue la fuente de nuestra separación de Dios, entonces el sacrificio es la Solución. La salvación es simple y profunda. El niño más pequeño puede sentir el llamado del Espíritu de Dios y responder con una fe sencilla "dando su corazón a Jesús". Adultos han caído de rodillas y han aceptado a Cristo mientras miraban un partido de fútbol profesional y ver una pancarta de Juan 3:16 desplegada por un aficionado. Sin embargo, arrancar su coche el giro de una llave es totalmente diferente que entender lo que está sucediendo "debajo del cofre". Génesis le mostró cómo el pecado separa a personas caídas, de un dios santo. Probablemente ha oído que la obra de Jesucristo en la cruz pagó el precio para reconciliarle con su Santo Padre Celestial. Hoy va a mirar "debajo del cofre" y averiguar por qué la cruz de Cristo es tan importante, y lo que le dio un increíble poder.

1. Revise Gn 3:22-24: ¿Qué acción dramática tomó Dios para evitar que Adán y Eva se acercaran al árbol de la vida? ¿Cuál es el punto del simbolismo para nosotros?

_____
_____
_____
_____

2. Romanos 5:12-21 une a Adán con Cristo. Lee los versículos con esmero. Compara lo que Adán perdió en el jardín, y lo que Cristo ganó por ti en la cruz.

¿Qué pasó cuando Adán pecó? ¿Qué cosas se perdieron?

___

¿Qué restauró Cristo para ti? O, ¿qué pasó cuando Jesús murió en la cruz?

___

3. Ahora vamos a visitar el A.T. ¡para ver la historia de la Cruz de Cristo! Egipto mantuvo a Israel cautivo cuatrocientos años hasta que Dios les envió un libertador. Algunos dicen que Moisés el libertador, fue un "tipo" de Cristo. Eso significa que su papel como salvador fue un ejemplo de lo que Cristo haría por nosotros miles de años después. Moisés y el Faraón disputaron en una batalla espiritual por la libertad y el futuro de los hijos de Dios. El pináculo espiritual de esa batalla lo vemos en Éxodo 12. Lea todo el pasaje y permita que la historia le hable antes de trabajar en las preguntas.

A. ¿Qué sucedía al cordero o la cabra en Éxodo 12:6?

___

B. ¿Qué sucede con la sangre en Éxodo 12:7?

___

C. ¿Contra quién lucha Dios en Éxodo 12:12?

___

D. ¿Qué sucedió, o no sucedió, a los judíos que estaban bajo la sangre? Éxodo 12:13

_____

E. De un vistazo rápido a Hebreos 9:22. Esta es clave para entender todo el sistema sacrificial del A.T., la Cruz de Cristo y tu salvación. ¿Qué debe pasar para lavar un pecado?

_____
_____

4. Estamos a punto de invitarlo a una de las más desafiantes tareas de lectura en todo el proceso JumpStart. ¡También es una de las más importantes! Hebreos 9 y 10 explican en el N.T. el sistema sacrificial del A.T. Luego explica cómo la obra de Jesucristo pagó el precio para siempre. Pídale al Espíritu Santo que sea su maestro al leer Hebreos 9 y 10. Estos pasajes explican lo que sucedió en la cruz. Conectan la historia judía del A.T. con nuestra realidad cristiana del N.T. Te conviertes en parte de una antigua tradición cuando pides a Jesucristo que perdone tus pecados. Acepta el don de gracia de Dios mediante Jesucristo, nuestro Señor.

A. En Hebreos 9:6-8 leemos acerca del Lugar Santísimo. Esto representaba la presencia de Dios. Era lo más cerca que un ser humano podía estar del Santo. ¿A quién le permitía Dios entrar allí?

_____

¿Qué hacían para entrar allí?

_____

B. ¿Cómo describe Hebreos 9:11 a Jesucristo?

_____
_____

C. ¿Cómo entró Jesús al Lugar Santísimo? Hebreos 9:12

_____
_____

D. ¿Qué hizo Jesús por usted en Hebreos 10:10?

_____
_____
_____

E. Use su imaginación. ¿Qué imagen de Jesús capta en Hebreos 10:11-14?

5. Debemos decir algo más acerca de nuestra salvación en este punto. Hay varios versículos agudos y desafiantes al final de Hebreos 10. ¿Qué le dicen acerca de la voluntad de Dios para su vida? ¿De qué advertencia le hablan?

A. Hebreos 10:23-25

B. Hebreos 10:26-29

C. Hebreos 10:35-36

D. Hebreos 10:37-39

Conclusión:

En el Jardín del Edén ocurrió una terrible separación. Jesucristo logró una solución gloriosa y eterna cuando derramó Su sangre en la cruz. Él nos ha hecho santos y perfectos ante el Padre. Ahora estamos en el proceso de aprender a vivir lo que Él logró. La Sesión de esta semana le debe dar algún excelente material para ponderar cuando se reúna con su mentor. No se preocupe si Hebreos lo confunde. Traiga sus pensamientos y preguntas a su mentor. ¡Pueden trabajar juntos en eso! ¡Que tenga una buena semana!

Preguntas/Comentarios/Notas:

Ahora bien, sé que hay personas de inclinación artística trabajando en JumpStart. ¡Todas estas palabras te vuelven loco! Así que aquí hay espacio para que dibujes la salvación como tú la ves.

Jumpstart: Asesoría 2
"La Solución"

Tocando Base:

Esta semana se sumergió en la parte más honda de la piscina. Muchos cristianos antiguos no pudieron explicar la enseñanza de Éxodo 12 y Hebreos 9-10. Realmente, la mayoría de los sistemas de discipulado la omiten o la abrevian. Elegimos no hacerlo. Es demasiado buena e importante. ¡No tema sentir que nada en aguas hondas esta semana! ¡No será más profundo que esto!

Conversaciones rompehielos:

1. ¿Cómo estuvo su semana? ¿Cómo le va? ¿Hay algo especial por lo que debe orar antes de que termine hoy?

2. ¿Cómo estuvo la lección esta semana? ¿Ha estudiado este material antes? ¿Fue nuevo para usted?

3. ¿Cómo encaja su comprensión de Dios con lo que les sucedió a los egipcios en Éxodo 12? ¿Le parece rudo?

4. ¿Cómo encaja Hebreos 9:22 con la "visión del mundo" de la América moderna?

5. Repase la pregunta 2. ¿Qué perdió Adán y qué ganó Cristo?

¿Qué ha perdido debido al pecado? ¿Qué le ha devuelto Cristo?

_____
_____
_____
_____

6. ¿Sigue viviendo con las consecuencias del pecado? Podrían ser sus pecados, o los pecados de alguien más.
_____
_____

7. ¿Hay cosas que Cristo necesita sanar, perdonar o cambiar en su vida?
_____
_____

8. ¿Qué le comunicaron los pasajes de Hebreos 9 y 10?
_____
_____

9. Repase la pregunta 5. ¿Qué le comunicaron esos versículos? ¿Le asustaron? ¿Le desafían? ¿Cómo?
_____
_____

OIKOS:

Las Escrituras nos muestran que Dios no sólo salvó a individuos. Muchas veces, Él salvó familias, ciudades e incluso países. Al iniciar su caminata en JumpStart, tenga presente cómo Dios está obrando en los de su alrededor. Él quiere todo su círculo de influencia.

Guía de Oración:

Tome un tiempo para agradecer a Dios por salvarle. De gracias a Jesús por Su obediencia a Dios en la cruz. Si ha subestimado Su obra en la cruz, o vivido a su antojo, pídale que reavive en su vida la pasión por Su presencia y Su propósito.

Jumpstart: Sesión 3

"El Baño"

Introducción:

Felicitaciones trabajar en la Sesión de la semana pasada. Oro que el Espíritu Santo le haya tocado a través de la asombrosa obra de Cristo en la cruz. Hoy vamos a ver el primer acto de obediencia que sigue a nuestra salvación. Usted verá una de las acciones más importantes, pero polémicas, de nuestra fe. Estudiará el bautismo en agua. Afectuosamente, le llamaremos a esta experiencia: un "baño santo". No estoy enterado de ninguna iglesia cristiana que no realice algún tipo de bautismo. La diferencia es que algunas iglesias bautizan bebés, mientras que otras bautizan adultos. Algunas rocían con un puñado de agua, mientras que otras llenan una bañera y sumergen totalmente. Mientras batalla con lo que dice la Palabra acerca del bautismo y mi entendimiento de las Escrituras, le animo a ser amable y respetuoso de las tradiciones y experiencias de otras personas.

Pasajes Claves de la Biblia:
Romanos 6:1-4, Hechos 2:36-40, Mateo 3:4-17, Hechos 8:26-38

Versículo clave para la Memorización y Reflexión: Mateo 28:19 (NTV)
Por lo tanto, vayan y hagan discípulos de todas las naciones,
bautizándolos en el nombre del Padre
y del Hijo y del Espíritu Santo.

Lección:

La salvación es un acontecimiento muy íntimo y personal. Cristo dio su vida por nosotros y le damos la nuestra. Él murió por nosotros, y nos comprometemos a vivir para Él. Todo el mundo tiene su propia caminata personal a Jesús.

El bautismo es todo lo contrario. ¡No importa cómo llegó al pie de la cruz, declarará públicamente su lealtad a Cristo de la misma forma que millones lo han hecho antes que usted! En primer lugar, usted buscará el POR QUÉ hacemos esto. Luego, verá CÓMO lo hacemos. Por último, vamos a examinar las historias de algunos santos de la antigüedad que vivieron antes que usted. Esté abierto a que la Palabra de Dios desafíe sus tradiciones. Si Dios le está llamando a dar un paso de confianza y obediencia, yo oro que esté listo para darlo. Especialmente si viene a Cristo siendo ya un adulto.

1. ¿Qué es el bautismo?

A. Lea Romanos 6:1-4. Cuando es bautizado, usted exterioriza el relato de la resurrección de Jesucristo. A Jesús le sucedieron tres cosas muy importantes en la cruz. Cuando se une a Jesús, usted "revalida" y sigue a Cristo espiritualmente en estos eventos. ¿Cuáles son?

   (1.) _____
   (2.) _____
   (3.) _____

B. Como nos dice el apóstol Pablo...

> y tal como Cristo fue levantado de los muertos
> por el poder glorioso del Padre,
> ahora nosotros también podemos vivir una vida nueva.
> Romanos 6:4b (NTV)

Pablo dijo lo mismo en Efesios 1:19-20 (NTV)

> También pido en oración que entiendan la increíble grandeza del poder de Dios para nosotros, los que creemos en él. Es el mismo gran poder que levantó a Cristo de los muertos y lo sentó en el lugar de honor, a la derecha de Dios, en los lugares celestiales.

Estudiaremos el Espíritu Santo en una Sesión futura. Por ahora, regocíjese en el hecho de que el mismo poder [griego: dunamis] que levantó a Cristo de entre los muertos, está en acción dentro de ti ahora que eres Su hijo.

¿Cómo se siente sobre el hecho de que Dios le da el poder de vivir una nueva vida?

_____
_____

C. Gálatas 3:26-27 nos presenta varias verdades sobre el bautismo. ¿Cuáles le hablan a usted? ¿Por qué?

_____
_____

D. En Mateo 3:4-6 vemos a Juan el Bautista predicando y bautizando. Hay un elemento clave que debe existir para que un bautismo sea real. ¿Cuál es?

E. En Hechos 2, Simón Pedro predicó un impresionante sermón en el poder del Espíritu Santo. Dios inauguró la primera iglesia en ese día. Lea Hechos 2:36-40. Preste especial atención al versículo 38. Pedro nos da varias cosas que debemos hacer. ¿Cuáles son?

1.
2.
3.
4.

Pedro nos da la misma promesa que el apóstol Pablo. ¿De quién está hablando?

¿Quién recibe este regalo? [Versículo 39]

> **Recuerde:**
> Ir a la iglesia no lo hace un cristiano,
> así como ir a un McDonald's
> no lo convierte en un sándwich de pollo.
> El bautismo externo no tiene sentido, a menos
> que se haya arrepentido de sus pecados
> y clame a Dios en su interior.
> Para que Dios le dé una nueva vida,
> ¡usted debe estar listo para abandonar su vida pasada!

F. ¿Cuáles dos cosas les sucedieron a los 3,000 que creyeron en Cristo cuando Pedro predicó en el Día de Pentecostés?   [Versículo 41]

2. Ahora veremos el CÓMO del bautismo. Este evento especial debe unir a todos los cristianos. Tristemente, a menudo los divide. Algunos grupos de creyentes bautizan a los bebés rociándolos. Otros sólo bautizan por inmersión o "bajo el agua". Algunos grupos bautizan a los niños. Otros esperan hasta una "edad de comprensión". En esta siguiente sección, compartiré mi comprensión del bautismo. Si asiste a una iglesia con un entendimiento diferente, le ruego que hable de esto con su Mentor, con un líder de grupo pequeño o con un Pastor. Luego, haga lo que sienta que Dios y Su Palabra le están llamando a hacer.

Como pastor, me encanta bautizar a las personas que:

   (1.) Que han escuchado y comprendido el evangelio.
   (2.) Se han arrepentido de sus pecados y creído en Jesucristo.
   (3.) Desean dejar atrás su vida pasada.
   (4.) Desean ardientemente ser conformados a la imagen de Cristo.
   (5.) Están dispuestos a profesar públicamente su compromiso con Cristo.
   (6.) Comprenden la importancia simbólica de esta experiencia.

Pensamiento:

Nunca seremos perfectos en esta vida. Así que el bautismo no es para personas perfectas. El bautismo es para personas que quieren profesar su fe en Jesucristo y dar un paso público de obediencia. No deje que el miedo, la culpa o un sentido de perfeccionismo injustificado, le impidan dar este bendito paso. Nunca seremos dignos del bautismo. Siempre será el regalo de la gracia de Dios. Simplemente recibimos y respondemos. Su caminata con Jesús se compondrá de miles de actos de fe y obediencia. El bautismo es sólo el primero.

A. Mateo 3:13-17 describe el bautismo de Jesús. Examine el versículo 16 para encontrar pistas sobre cómo fue bautizado Jesús. ¿Qué encontró?

_____

_____

_____

B. Hechos 8:26-38 cuenta la historia de Felipe y el etíope. Esta es una historia impresionante que revela algunas de las formas únicas en que el Espíritu Santo puede obrar para traer a alguien a Jesucristo. Disfrute la historia. Luego vea los versículos 38-39 para una pista sobre CÓMO bautizó Felipe al etíope. ¿Qué ve?

_____

_____

> *Palabra Original:* βαπτίζω, baptizō
>
> *Notas de Uso:* "bautizar",
>
> Principalmente una forma frecuenta de baptō, "sumergir", fue utilizado entre los griegos para describir el teñido de una prenda de vestir, o extraer agua sumergiendo un recipiente en otro, etc. Plutarco lo usa en la extracción del vino sumergiendo la taza en el tazón (Alexis, 67) y Platón.
>
> Diccionario Expositivo Vine de Palabras del
> Antiguo Testamento y del Nuevo Testamento

C.   Vea el maravilloso modelo en Hechos 18:8 (NTV).

> Crispo, el líder de la sinagoga,
> y todos los de su casa creyeron en el Señor.
> Muchos otros en Corinto también escucharon a Pablo,
> se convirtieron en creyentes y fueron bautizados.

Personas en Corinto oyeron a Pablo predicar el evangelio, ellos creyeron, y descendieron a las aguas del bautismo.

Conclusión:

Colosenses 2:12 (NTV) nos da una bella toma de la enseñanza sobre el bautismo en el N.T.

> Pues ustedes fueron sepultados con Cristo cuando se bautizaron.
> Y con él también fueron resucitados para vivir una vida nueva,
> debido a que confiaron en el gran poder de Dios,
> quien levantó a Cristo de los muertos.

Dietrich Bonhoeffer era un excelente pastor y profesor alemán. Heinrich Himmler lo mató cerca del final de la Segunda Guerra Mundial por participar en un frustrado plan para asesinar a Hitler. ¡Él es la fuente de una de mis citas favoritas!

**CUANDO JESUCRISTO LLAMA A UN HOMBRE,
ÉL LE DICE: ¡VEN Y MUERE!**

El bautismo es el símbolo externo de su decisión interna de seguir a Jesucristo hasta la cruz, hacia abajo en la tumba, y hacia arriba a la nueva vida en el Reino de Dios. Cuando bajamos a las aguas del bautismo, morimos al pecado, a nosotros mismos y a nuestra vida pasada. Ascendemos como una nueva criatura en Cristo dotada con el poder que da vida desde lo alto a través de la llenura del Espíritu Santo de Dios. ¡El bautismo es la profesión pública que comparten los cristianos al declarar al mundo su deseo de permanecer en Cristo y unirse a su Iglesia!

Hay un hermoso patrón en el N.T. La gente escuchó el mensaje. Creyeron el mensaje. Recibieron a Jesús. Luego "bajaron" a las aguas del bautismo como una señal de su deseo de seguir a Cristo. Las cosas viejas realmente han muerto y usted es nuevo.

Un Pensamiento de Gozo:

Justo ahora, terminé de usar JumpStart para dirigir una clase de bautismo con diez personas nuevas en la iglesia. Me recordaron algo importante que los pastores viejos podemos olvidar. El bautismo es divertido, es emocionante, y representa un nuevo comienzo glorioso. Marca el final de lo que pudo haber sido una temporada loca en la vida de alguien. Adultos, no vengan al bautismo de manera casual. Es un cumpleaños espiritual muy significativo y alegre.

Es vida, y tiene un gran poder emocional. Una buena teología es importante. Pero le pido a Dios que siempre me recuerde el desbordante gozo y la exuberancia que acompaña al bautismo. En agosto de 2015 tuve el privilegio de ayudar a bautizar en un día a 1500 personas en Abidjan, Costa de Marfil, África. Fue necesario vigilar los brazos de las personas cuando salían del agua. Estaban tan emocionados, bailando, saltando, brincando y girando, que con diez de nosotros bautizando al mismo tiempo, alguien podía ser noqueado. Esa es la parte gloriosa del bautismo que nunca quiero perder.

He llegado al punto donde le pregunto al candidato al bautismo quién desea que lo bautice. Podría ser un pastor, su mentor, un líder de Grupo de Célula, o la persona que lo trajo a Cristo. Es emocionante enseñar a alguien a cómo bautizar. Dónde pararse, qué decir y qué hacer.

Es estar desarrollando un verdadero sentido de identificación en el proceso de GANAR ALMAS, HACER DISCÍPULOS Y SEGUIR A CRISTO. Si mi trabajo como pastor es "Equipar a los santos para la obra de su ministerio", y creo que lo es, entonces entrenar a otros a cómo bautizar, es parte de mi trabajo. (Efesios 4:11-12) Usted verá más profundamente el llamado bíblico que Dios le ha dado a todo creyente en la Sesión Siete: "La Invitación".

Jumpstart: Asesoría 3

"El Baño"

> ### Tocando Base:
> Para la tercera semana, ya debería tener alguna idea de qué esperar durante su tiempo de asesoría. ¡Espero que Dios los sorprenda sin cesar! Mi meta es que estudie el material a solas, pero procésenlo y apliquenlo juntos. Hay seguridad al hacer teología en comunidad. Aún más, confío en que Dios aparezca y le lleve a sitios que ni siquiera he pensado pedir. Concéntrese en la Sesión. Sin embargo, al mismo tiempo, esté siempre listo para que Dios plantee un asunto que Él quiere que explore. Confíe en Dios y en su mentor.

Conversaciones rompehielos:

1. Principie repasando cualquier parte de la lección que realmente le gustó, o que le atribuló.

2. Comparta con su mentor sobre la vida, muerte, entierro y resurrección de Jesucristo. ¿Cómo se manifiesta Su vida cuando usted "desciende a las aguas del bautismo?"

3. Comparta la historia de su bautismo.
   Describa el lugar donde ocurrió su bautismo.

   Describa el método de su bautismo.

   ¿Fue rociado siendo niño o adulto? ¿Dónde se bautizó "bajo el agua?"

   ¿Quién lo bautizó?

4. ¿Cuál fue la motivación de su bautismo? ¿Fue por tradición o expectativa?

¿Fue una experiencia espiritual sincera?
_____
_____

5. Si no ha sido bautizado, ¿está listo para seguir a Cristo en el bautismo?
_____
_____

6. ¿Qué es lo que le está reteniendo?
_____
_____

**Si usted está listo para el bautismo,
por favor avísele a su Mentor o Pastor.
Les encantará ayudarle a programar este evento especial.**

OIKOS:

Si Dios le llama a ser bautizado, este es el momento perfecto para invitar a la iglesia a su familia, amigos, compañeros de trabajo y vecinos. El bautismo es un alegre testimonio público de su compromiso de seguir a Jesús. Trabaje con su Pastor, Mentor o líder de grupo pequeño para encontrar el mejor método de invitar a su OIKOS a celebrar su caminata. Será una oportunidad increíble para que ellos escuchen acerca de Jesús y reflexionar sobre su propia caminata espiritual. No asuma que sus amigos no vendrán, hasta que les dé la oportunidad. Pregúnteles, y vea lo que Dios hace.

Guía de Oración:

Señor: por favor, abre mis ojos a las necesidades espirituales de quienes están en mi OIKOS. Muéstrame cómo invitarlos a venir a celebrar mi bautismo. Atráelos a ti para que puedan escuchar la predicación de Su Palabra, y creer. Te ruego que dirijas a todo mi círculo de influencia a una relación personal contigo. Úsame a mí y ese tiempo especial como un testimonio de tu poder salvador. En el nombre de Jesús, AMÉN

Jumpstart Session 4

"El Poder"

Introducción:

El Espíritu Santo es la Tercera Persona de la Deidad. Significa que Él es parte de la trilogía conocida como Padre, Hijo y Espíritu Santo. Para mí, esta idea de Trinidad, o Deidad, es un misterio inaudito. ¡La Biblia dice que Dios es uno! Sin embargo, hay un Padre, Hijo y Espíritu Santo. Abundan los libros sobre el tema. ¡Simplemente lo acepto en completo asombro! En esta Sesión, veremos 42 versículos claves que aúnan aspectos únicos del Espíritu Santo. Reflexione en los versículos, y admire lo diverso e importante del Espíritu Santo. Invierta una, dos, o incluso tres semanas en esta sesión. No se apresure. ¡Disfrute!

Pasaje Clave de la Biblia:

En esta sesión le he insertado los versículos. Esto le permitirá mayor tiempo en La Palabra con una cantidad mínima de volteo de páginas. También usaremos LBLA Para esta Sesión. La Biblia de las Américas es una de las traducciones más literales [palabra por palabra]. Para este estudio específico de palabras, quise estar lo más cerca posible del griego original.

Versículo Clave para la Memorización y Reflexión: Juan 16:13 (LBLA)
"Pero cuando Él, el Espíritu de verdad, venga, os guiará a toda la verdad, porque no hablará por su propia cuenta, sino que hablará todo lo que oiga, y os hará saber lo que habrá de venir".

Lección:

Mucho tiempo atrás, mi primer pastor me dijo: Dios Padre es el personaje central del Antiguo Testamento. Jesucristo es eje del Nuevo Testamento. El Espíritu Santo es la fuente de poder para la iglesia. Dijo que la gente ama a Dios porque está seguro en el cielo. Aman a Jesús porque vivió hace 2,000 años. Sin embargo, el Espíritu Santo nos pone nerviosos porque puede aparecerse y en cualquier instante. Mi oración, al inicio este estudio, es que el Espíritu Santo apareciera aquí, ahora mismo. ¡Ruego que abra sus ojos y le revele cosas nunca antes vistas! No dude ni tema en explorar el Espíritu Santo. Él es el viento del cielo. Él es Dios. Él está listo para soplar una nueva vida en su caminata espiritual. Descúbralo por usted mismo en las Escrituras.

Instrucciones Especiales:

Todos los versículos que está a punto de leer revelan algo único acerca de la persona, obra, o carácter del Espíritu Santo. No permita que esta Sesión le frustre ni le abrume. Las preguntas no son difíciles. Algunos versículos dirán varias cosas acerca del Espíritu Santo. Algunos versículos dirán algo que se aplicará al Espíritu Santo. Trate de pensar creativamente y asocie. Si el versículo parece confuso, intente leerlo en la traducción que ya conoce. Si las cosas aún están confusas, vea los otros versículos que se proporcionan tratando de aclarar lo que estamos buscando en el versículo. Deseo que, por usted mismo, descubra en las Escrituras la persona, obra, y carácter del Espíritu Santo. Descubra quién es, qué hizo y cómo puede obrar en su vida hoy. ¡Disfrútelo!

1. Hechos 10:38 (LBLA) " Vosotros sabéis cómo Dios ungió a Jesús de Nazaret con el Espíritu Santo y con poder, el cual anduvo haciendo bien y sanando a todos los oprimidos por el diablo; porque Dios estaba con Él".

1 Juan 2:27, 1 Juann 2:20 (LBLA)

___

(Ejemplo de respuesta para # 1: ¡Dios ungió a Jesús con el Espíritu Santo, y con poder! Sólo permita que la enseñanza directa sobre el Espíritu Santo salga a la superficie).

2. Mateo 3:11 (LBLA) "Yo a la verdad os bautizo con agua para arrepentimiento, pero el que viene detrás de mí es más poderoso que yo, a quien no soy digno de quitarle las sandalias; Él os bautizará con el Espíritu Santo y con fuego.

Mateo 28:19, 1 Cor. 12:13, Hechos 15:8, Hechos 11:15-16, Hechos 1:4-5, Juan 1:32-33, Lucas 3:16

___

3. Gálatas 5:22-23 (LBLA) Más el fruto del Espíritu es amor, gozo, paz, paciencia, benignidad, bondad, fidelidad, mansedumbre, dominio propio; contra tales cosas no hay ley.

4.   Hebreos 10:15 (LBLA)   Y el Espíritu Santo nos da testimonio.

_____

_____

5.   1 Cr 12:18 (LBLA) Entonces el Espíritu vino sobrea Amasai, jefe de los treinta, el cual dijo: Tuyos somos, oh David, y contigo estamos, hijo de Isaí. Paz, paz a ti, y paz al que te ayuda; ciertamente tu Dios te ayuda. Entonces David los recibió y los hizo capitanes del grupo.

Isaías 59:21, Hechos 20:28

_____

_____

6.   Mateo 12:31-32 (LBLA)   "Por eso os digo: todo pecado y blasfemia será perdonado a los hombres, pero la blasfemia contra el Espíritu no será perdonada. Y a cualquiera que diga una palabra contra el Hijo del Hombre, se le perdonará; pero al que hable contra el Espíritu Santo, no se le perdonará ni en este siglo ni en el venidero".

Salmo 51:11, Isaías 63:10-11, Hebreos 10:29, Heb 6:4-6, 1 Tes 4:8, 1 Tes 5:19, Ef 4:30, Hechos 7:51, Hechos 5:3, Lucas 12:10, Marcos 3:29

_____

_____

7.   Hechos 9:31 (LBLA) Entretanto la iglesia gozaba de paz por toda Judea, Galilea y Samaria, y era edificada; y andando en el temor del Señor y en la fortaleza del Espíritu Santo, seguía creciendo.

2 Cor 1:1-7, Juan 14:15-18, Juann 14:26, Juan 16:7

_____

_____

8. Mateo 1:18 (LBLA) Y el nacimiento de Jesucristo fue como sigue. Estando su madre María desposada con José, antes de que se consumara el matrimonio, se halló que había concebido por obra del Espíritu Santo.

9. Hechos 1:8 (LBLA) pero recibiréis poder cuando el Espíritu Santo venga sobre vosotros; y me seréis testigos en Jerusalén, en toda Judea y Samaria, y hasta los confines de la tierra.

1 Juan 5:8; 1 Tes 1:5-6; 2 Cor 6:6; 1 Cor 12:3-4;
Hechos 5:32; Juan 15:26

10. Hechos 13:52 (LBLA) Y los discípulos estaban continuamente llenos de gozo y del Espíritu Santo.

Lucas 1:41, Ef 5:18, Hch 13:9, Hch 11:23-24, Hch 9:17, Hch 7:55, Hch 4:31, Hch 4:8, Hch 2:3-4, Lucas 4:1, Lucas 1:67, Lucas 1:15

11. Hebreos 2:4 (LBLA) testificando Dios juntamente con ellos,
tanto por señales como por prodigios,
y por diversos milagros y por dones del Espíritu Santo
según su propia voluntad.

1 Cor 12:11, 1 Cor 12:7, 1 Pedro 4:10-11, Romanos 12:4-8

12. Romanos 15:13 (LBLA) Y el Dios de la esperanza
os llene de todo gozo y paz en el creer,
para que abundéis en esperanza por el poder del Espíritu Santo.

Clare Booth escribió:
"No hay situaciones sin esperanza;
sólo hay hombres que han perdido la esperanza acerca de ellas".

Salmo 125:1-3, Salmo 33:18-20, 1 Pe 1:13, 1 Pe 1:3-5, Heb 10:23

___
___
___

Reflexión:
¿Hay en este momento algún área en su vida donde necesite alguna esperanza?

___
___
___

13. Juan 6:63 (LBLA) El Espíritu es el que da vida; la carne para nada aprovecha; las palabras que yo os he hablado son espíritu y son vida.

Gálatas 5:25, Romanos 8:11

___
___
___

Siendo consistente:
El cuerpo humano es una máquina asombros. Puede mantener una temperatura constante de 98.6 grados sin importar el clima de afuera. Ya sea que un hombre esté en el Círculo Polar o en el ecuador, su temperatura corporal es casi la misma. Hay un mecanismo interno que hace la diferencia. El Espíritu Santo mora dentro del cristiano para lograr este tipo de estabilización en términos de salud espiritual. Ya sea que nos enfrentemos a buenos o malos tiempos, ya sea que seamos tentados o recibamos alimento espiritual, el Espíritu Santo
nos mantiene estables por dentro.
Robert Shannon

14.	Romanos 5:5 (LBLA) y la esperanza no desilusiona, porque el amor de Dios ha sido derramado en nuestros corazones por medio del Espíritu Santo que nos fue dado.

Col. 1:8

_____
_____

El amor es, y no es, Poder:
De todos los poderes, el amor es el más poderoso e impotente.
Es el más poderoso porque solo él ella puede conquistar esa última
y más impenetrable fortaleza que es el corazón humano.
Es el más impotente porque no puede hacer nada sin el consentimiento.
-- Frederick Buechner

Amor por los enemigos:
Amor ágape es el amor de T. E. McCully, padre de Ed McCully,
uno de los misioneros asesinados por indios Auca en Ecuador,
que una noche poco después de esa experiencia oró:
"Señor, permíteme vivir el tiempo suficiente para ver salvado
a aquellos hombres que mataron a nuestros muchachos,
que pueda abrazarlos y decirles que los amo porque ellos aman a mi Cristo".
Ese es amor de tipo superior.
De autor desconocido

El amor es una Opción:
Siempre: el amor es una elección.
Cada día usted se encuentra con decenas de oportunidades para amar o no amar.
Se encuentra con cientos de pequeñas oportunidades para complacer a sus amigos,
deleitar a su Señor y animar a su familia.
Es por eso por lo que el amor y la obediencia están
íntimamente ligados–No puede tener uno sin el otro.
-- Joni Eareckson Tada,

El amor es de Dios:
En la revolución francesa, un joven fue condenado
a la guillotina y encerrado en una de las cárceles.
Él fue muy querido por muchos,
pero había alguien que lo amaba más que todos los demás juntos.
Ese era su propio padre, y el amor que tenía por su hijo fue probado de esta manera:
cuando se pasó lista, el padre cuyo nombre era exactamente igual al del hijo,
respondió al nombre,
y el padre cabalgó en la sombría carreta hacia el lugar de ejecución.
Su cabeza rodó debajo del hacha en vez de la de su hijo, víctima de poderoso amor.
Vea aquí una imagen del amor de Cristo a los pecadores.
Porque así murió Jesús por los impíos.
-- Charles Haddon Spurgeon

Reflexión:

¿Hay un área difícil de tu vida donde Dios te está llamando a ofrecer amor ágape a alguien? ¿Tiene una idea de lo que Dios le está llamando a hacer? ¿Está dispuesto?

_____

_____

15. Marcos 13:11 (LBLA) Y cuando os lleven y os entreguen, no os preocupéis de antemano por lo que diréis, sino que lo que os sea dado en aquella hora, eso hablad; porque no sois vosotros los que habláis, sino el Espíritu Santo.

Marcos 12:36, 2 Pe 1:20-21

_____

_____

16. Romanos 8:26 (LBLA) Y de la misma manera, también el Espíritu nos ayuda en nuestra debilidad; porque no sabemos orar como debiéramos, pero el Espíritu mismo intercede por nosotros con gemidos indecibles;

Judas 1:19-20, Efesios 2:18, Romanos 15:30,
Romanos 8:26, Efesios 6:18

_____

_____

17. Lucas 10:21 (LBLA) En aquella misma hora Él se regocijó mucho en el Espíritu Santo, y dijo: Te alabo, Padre, Señor del cielo y de la tierra, porque ocultaste estas cosas a sabios y a inteligentes, y las revelaste a niños. Sí, Padre, porque así fue de tu agrado.

Comentario:

La palabra "revelaste" en el pasaje anterior es *apokalupto* en el griego del N.T. Describe un cuadro de "jalar o quitar las coberturas". En la Biblia vemos al Espíritu Santo obrando en nuestras vidas para "quitar las coberturas" que usamos a menudo para ocultarnos de Él. ¿Alguna vez ha practicado la lucha libre con alguien que trata de quitarle la cobija? ¿Lucha con Dios por las cosas que Él está tratando de descubrir?

Pensamiento:

Imagine a un niño en una tormenta eléctrica. El trueno anda suelto y los relámpagos se esparcen a través del cielo. Muchos niños se esconden bajo las cobijas para protegerse del fenómeno de la tormenta. Otros niños salen de la cama, van a la ventana, abren las persianas, ¡abren la ventana y miran atentamente la gloria del cielo nocturnal!

Pregunta:

¿Se *apokalupto* cuando viene a Dios en oración o adoración? ¿Se quita lo que le cubre? ¿Se abre y saca a luz todo lo que puede estar ocultando? No siempre es fácil.

Desafío:

¡Qué gran cuadro! Jesús estaba celebrando un momento santo con sus discípulos y Su Padre Celestial. Jesús removió las coberturas en el poder del Espíritu Santo. Las levantó. Abrió todo, extendió la mano y tocó a Dios sin nada entre ellos. Lo hizo en el poder y la presencia del Espíritu Santo. Que Jesús sea nuestro modelo. Que podamos siempre quitar las coberturas en nuestra adoración del Todopoderoso. Al emprender esta caminata confiemos en que el Espíritu Santo nos guíe a la presencia de Dios y nos guarde seguros mientras estamos con Él. ¡Él nunca irá en contra de nuestro propio bien!

¿Hay un área especial donde Dios le está llamando a confiar en Él ahora mismo?

18. 1 Cor 6:15-20 (NTV) ¿No se dan cuenta de que sus cuerpos en realidad son miembros de Cristo? ¿Acaso un hombre debería tomar su cuerpo, que es parte de Cristo, y unirlo a una prostituta? ¡Jamás! ¿Y no se dan cuenta de que, si un hombre se une a una prostituta, se hace un solo cuerpo con ella? Pues las Escrituras dicen: «Los dos se convierten en uno solo». Pero la persona que se une al Señor es un solo espíritu con él.

¡Huyan del pecado sexual! Ningún otro pecado afecta tanto el cuerpo como éste, porque la inmoralidad sexual es un pecado contra el propio cuerpo. ¿No se dan cuenta de que su cuerpo es el templo del Espíritu Santo, quien vive en ustedes y les fue dado por Dios? Ustedes no se pertenecen a sí mismos, porque Dios los compró a un alto precio. Por lo tanto, honren a Dios con su cuerpo.

Santiago 4:1-10

_____
_____
_____

19. Lucas 3:22 (LBLA "y el Espíritu Santo descendió sobre Él en forma corporal, como una paloma, y vino una voz del cielo, que decía: Tú eres mi Hijo amado, en ti me he complacido".

_____
_____

20. Juan 16:7 (LBLA) " Pero yo os digo la verdad: os conviene que yo me vaya; porque si no me voy, el Consolador no vendrá a vosotros; pero si me voy, os lo enviaré".

_____
_____

21. Hechos 2:17-18 (LBLA) Y SUCEDERÁ EN LOS ÚLTIMOS DÍAS—dice Dios— QUE DERRAMARE DE MI ESPIRITU SOBRE TODA CARNE; Y VUESTROS HIJOS Y VUESTRAS HIJAS PROFETIZARÁN, VUESTROS JOVENES VERÁN VISIONES, Y VUESTROS ANCIANOS SOÑARÁN SUEÑOS; Y AÚN SOBRE MIS SIERVOS Y SOBRE MIS SIERVAS DERRAMARÉ DE MI ESPIRITU EN ESOS DÍAS, y profetizarán..

Hechos 2:33

---

22. Acts 6:3, 5 (LBLA) " Por tanto, hermanos, escoged de entre vosotros siete hombres de buena reputación, llenos del Espíritu Santo y de sabiduría, a quienes podamos encargar esta tarea. Lo propuesto tuvo la aprobación de toda la congregación, y escogieron a Esteban, un hombre lleno de fe y del Espíritu Santo, y a Felipe, a Prócoro, a Nicanor, a Timón, a Parmenas y a Nicolás, un prosélitod de Antioquía.

---

23. 1 Juan 4:13 (LBLA) En esto sabemos que permanecemos en Él y Él en nosotros: en que nos ha dado de su Espíritu.

1 Juan 3:24, Efesios 1:13-14, 2 Cor 5:5, 2 Cor 1:22, Romanos 8:16, Romanos 8:23, Juan 7:39

---

24. Efesios 3:16 (LBLA)   que os conceda, conforme a las riquezas de su gloria, ser fortalecidos con poder por su Espíritu en el hombre interior;

2 Tim 1:14, 2 Tim 1:7, Hechos 1:8, Lucas 24:49, Lucas 4:14

25. Romanos 1:3-4 (LBLA) acerca de su Hijo,
que nació de la descendencia de David según la carne,
y que fue declarado Hijo de Dios con poder,
conforme al Espíritu de santidad, por la resurrección de entre los muertos:
nuestro Señor Jesucristo.

26. Romanos 9:1 (LBLA) Digo la verdad en Cristo, no miento, dándome testimonio mi conciencia en el Espíritu Santo.

27. Juan 14:26 (LBLA) " Pero el Consolador, el Espíritu Santo, a quien el Padre enviará en mi nombre, El os enseñará todas las cosas, y os recordará todo lo que os he dicho".

1 Juan 2:27, Lucas 12:12

28. Mateo 4:1 (LBLA) Entonces Jesús fue llevado por el Espíritu al desierto para ser tentado por el diablo.

Hecho 19:21, Hechos 16:6, Hechos 15:27-28, Hechos 13:4, Hechos 13:2, Hechos 1:1-2, Lucas 4:1, Marcos 1:12

29. Filipenses 1:19 (LBLA) Porque sé que esto resultará en mi liberación mediante vuestras oracionesa y la suministración del Espíritu de Jesucristo.

30. 1 Pedro 1:12 (LBLA) A ellos les fue revelado que no se servían a sí mismos, sino a vosotros, en estas cosas que ahora os han sido anunciadas mediante los que os predicaron el evangelio por el Espíritu Santo enviado del cielo; cosas a las cuales los ángeles anhelan mirar.

1 Cor 2:4 (LBLA) Y ni mi mensaje ni mi predicación fueron con palabras persuasivas de sabiduría, sino con demostración del Espíritu y de poder.

---

31. 2 Pedro 1:20-21 (LBLA) Pero ante todo sabed esto, que ninguna profecía de la Escritura es asunto de interpretación personal, pues ninguna profecía fue dada jamás por un acto de voluntad humana, sino que hombres inspirados por el Espíritu Santo hablaron de parte de Dios.

Hechos 21:11, Hechos 21:4, Hechos 20:22-23, Hechos 11:28

---

32. Efesios 3:4-5 (LBLA) En vista de lo cual, leyendo, podréis comprender mi discernimiento del misterio de Cristo, que en otras generaciones no se dio a conocer a los hijos de los hombres, como ahora ha sido revelado a sus santos apóstoles y profetas por el Espíritu;

Hebreos 9:8

---

33. Romanos 14:17 (LBLA) Porque el reino de Dios no es comida ni bebida, sino justicia y paz y gozo en el Espíritu Santo.

34. Hebreos 2:4 (LBLA) testificando Dios juntamente con ellos,
tanto por señales como por prodigios,
y por diversos milagros y por dones del Espíritu Santo
según su propia voluntad.

Gálatas 3:5, Romanos 15:19

---

35. Tito 3:5-6 (LBLA) Él nos salvó, no por obras de justicia que nosotros
hubiéramos hecho, sino conforme a su misericordia,
por medio del lavamiento de la regeneración y la renovación
por el Espíritu Santo, que Él derramó sobre nosotros abundantemente
por medio de Jesucristo nuestro Salvador.

---

36. Lucas 2:25-27 (LBLA) Y había en Jerusalén un hombre que se llamaba
Simeón; y este hombre, justo y piadoso, esperaba la consolación de Israel;
y el Espíritu Santo estaba sobre él. Y por el Espíritu Santo se le había
revelado que no vería la muerte sin antes ver al Cristo del Señor.
Movido por el Espíritu fue al templo. Y cuando los padres del niño
Jesús le trajeron para cumplir por Él el rito de la ley,

1 Cor 2:13-14

---

37. 2 Tes 2:13 (LBLA) Pero nosotros siempre tenemos que dar gracias a
Dios por vosotros, hermanos amados por el Señor,
porque Dios os ha escogido desde el principio para salvación mediante
la santificación por el Espíritu y la fe en la verdad.

Romanos 15:16, 1 Pedro 1:2

38. Hechos 8:29 (LBLA) Y el Espíritu dijo a Felipe:
Ve y júntate a ese carruaje.

Hechos 11:12 Y el Espíritu me dijo que fuera con ellos sin dudar.
Estos seis hermanos fueron también conmigo y entramos
en la casa de aquel hombre.

Hebreos 3:7, 1 Tim 4:1, Mateo 22:43, Hechos 28:25, Hechos 10:19,
Hechos 4:25, Hechos 1:16, Juan 16:13

---

39. Romanos 8:4-6 (LBLA) ...que no andamos conforme a la carne, sino conforme al Espíritu. Porque los que viven conforme a la carne, ponen la mente en las cosas de la carne, pero los que viven conforme al Espíritu, en las cosas del Espíritu. Porque la mente puesta en la carne es muerte, pero la mente puesta en el Espíritu es vida y paz,

Gálatas 6:8 (LBLA) Porque el que siembra para su propia carne, de la carne segará corrupción, pero el que siembra para el Espíritu, del Espíritu segará vida eterna.

Gálatas 5:16-18, Romanos 8:13, Romanos 8:2, Juan 3:6

La naturaleza humana no es sólo frágil y débil;
la naturaleza humana también está retorcida y enredada.
Las perspectivas humanas, la comprensión humana y los esfuerzos humanos,
son en realidad hostiles a las perspectivas, comprensión, y plan de Dios.
Somos moralmente inadecuados, e inclinados a la rebelión.
-Lawrence O. Richards

Pregunta para la reflexión:

¿Han sido verdad alguna vez en su vida los vv. en el #39 y la cita anterior de Lawrence O. Richards? Piense en la obra que el Espíritu Santo desea hacer en y a través suyo.

¿Alimentas a diario la carne o el espíritu? ¿Tienes algún hábito o relación que estorbe la guía libre y total del Espíritu Santo?

_____

_____

Pensamiento:

¿Qué significa que el Espíritu Santo habló? ¿Fue un sentimiento? ¿Fue una voz real?
¿Fue avivamiento sobrenatural de pensamientos mortales normales?
¿Fue un empujón, un codeo, o una corazonada?

Como haya sucedido, es obvio que el Espíritu Santo habló a reyes, profetas y apóstoles. ¡Jesús también prometió que nos hablaría! Por lo tanto, si lo entiendo completamente o no, el deseo de mi corazón es que el Espíritu Santo venga y me hable. Mi deseo es aprender a escuchar la voz de Dios a través de Su Espíritu Santo.

¡Se requiere tiempo! ¡Se requiere escuchar!
¡La Palabra de Dios y el pueblo de Dios deben estar absolutamente involucrados!
Este es un problema para muchos de nosotros en esta época.
Somos atacados por teléfonos celulares, computadoras, la tele y las tabletas.
Tendemos a correr como pollos degollados.
Especialmente si vivimos en un entorno urbano o suburbano.
¡Ocupado, ocupado, ocupado, ¡De prisa, de prisa, de prisa, y Trabajo, trabajo de trabajo!

La pregunta es:
¿Cómo disminuimos la velocidad?
¿Cómo prestamos atención a Dios?
¿Cómo aprendemos a escuchar y responder a la aún leve, voz?

¿Cómo detenemos nuestra propia carrera, esfuerzo, intento y preocupación
para que podamos recibir lo que el Rey de Reyes ha ofrecido darnos?

Dios dijo a través del profeta Jeremías:
""Clama a mí y te responderé,
y te daré a conocer cosas grandes y ocultas que tú no sabes".
(Jeremías 33:3 NVI)

Pídale a Dios que aquiete su corazón, que calme su mente, que se una a usted y le hable acerca de las cosas que necesita saber. ¡Tómese el tiempo para esperar a Dios!

Tome en serio los mensajes sutiles. Si yo escucho algo una vez. DE ACUERDO. Si oigo lo mismo dos veces, presto atención. Sin embargo, si escucho los mismo de personas o fuentes de confianza en un corto período de tiempo, realmente presto atención y asumo que Dios me está a mí. Luego reviso el mensaje con las Escrituras y con algunos amigos cristianos de confianza. Si todo se alinea. Necesito suponer que Dios está hablando, y debo prepararme para responder.

¿Hay algo que cree que Dios le ha estado hablando o revelado recientemente?

_____
_____
_____
_____

40. Efesios 4:3 (LBLA) esforzándoos por preservar la unidad del Espíritu en el vínculo de la paz.

_____
_____

41. Juan 14:16-17 (LBLA) " Y yo rogaré al Padre, y Él os dará otro Consolador para que esté con vosotros para siempre; es decir, el Espíritu de verdad, a quien el mundo no puede recibir, porque ni le ve ni le conoce, pero vosotros sí le conocéis porque mora con vosotros y estará en vosotros".

_____
_____

42. Hechos 10:44-45 (LBLA) Mientras Pedro aún hablaba estas palabras, el Espíritu Santo cayó sobre todos los que escuchaban el mensaje. Y todos los creyentes que eran de la circuncisión, que habían venido con Pedro, se quedaron asombrados, porque el don del Espíritu Santo había sido derramado también sobre los gentiles.

Hechos 2:38 (LBLA)   Y Pedro les dijo:
Arrepentíos y sed bautizados cada uno de vosotros en el
nombre de Jesucristo para perdón de vuestros pecados,
y recibiréis el don del Espíritu Santo".

Juan 20:22 (LBLA)   Después de decir [Jesus] esto,
sopló sobre ellos y les dijo: Recibid el Espíritu Santo.

Lucas 11:13 (LBLA)   "Pues si vosotros siendo malos,
sabéis dar buenas dádivas a vuestros hijos,
¿cuánto más vuestro Padre celestial dará
el Espíritu Santo a los que se lo pidan?"

Gálatas 3:14, Gálatas 3:2, Hechos 19:6, Marcos 1:10,
Hechos 19:2, Hechos 10:47, Hechos 8:15-19

_____
_____
_____

**Artistas y Garabateadores:
¡Dibujen el Espíritu Santo obrando en sus vidas!**

Jumpstart: Asesoría 4

"El Poder"

> ### Tocando Base:
> Usted ha reflexionado sobre 42 claves características del Espíritu Santo. Oro que haya crecido su comprensión de quién es el Espíritu Santo y lo que Él ha hecho. Es más, mi oración es que haya sentido al Espíritu Santo obrando en su vida cotidiana activamente. El objetivo es conocerlo, no sólo saber de Él. Comparta el aumento de su comprensión del Espíritu Santo. Capte lo que Él podría estarle llevando a hacer en áreas específicas de su vida. Arriésguese.

Conversaciones rompehielos:

1. Inicie compartiendo cualquier idea o impresiones generales que tuvo durante semana o semanas de estudio. Sí, yo sé que fue una sesión larga con muchos versos. Jajaja

2. ¿Le ocurrió algo especial, único o sobrenatural durante sus estudios?

3. ¿Ha tenido alguna vez encuentros sobrenaturales y/o inexplicables con el Espíritu Santo?

4. Comparta sus pensamientos respecto al amor.   [P. 14]

5. Comparta lo que piensa respecto a la confianza. [P. 17]

6. ¿Siente que hay algo que Dios le ha recalcado esta semana? [P. 38]

_____
_____

7. El espíritu y la carne están en asiduo conflicto con nuestra cultura y nuestras almas. Comparta los pensamientos y desafíos que Dios le ha dado. [P. 39]

_____
_____

8. ¿Cómo puede caminar en una relación diaria más cercana al Espíritu Santo?

_____
_____

Recuerde:

El Espíritu Santo tiene una increíble variedad de técnicas de comunicación. Él ha manifestado enormes recursos a lo largo de la historia. Si Él tiene algo para usted, su grupo, iglesia o ministerio, Él es capaz de proveerlo. El Espíritu Santo no necesita que lo preparemos, que lo iniciemos, o que lo ayudemos. Nos necesita en una postura obediente, adoradora y receptiva. Esté atento y disponible. No loco, neurótico o compulsivo.

1 Samuel 3:7-9 (NTV)

Samuel todavía no conocía al SEÑOR,
porque nunca antes había recibido un mensaje de él.
Así que el SEÑOR llamó por tercera vez,
y una vez más Samuel se levantó y fue a donde estaba Elí.
—Aquí estoy. ¿Me llamó usted?
En ese momento Elí se dio cuenta de que era el SEÑOR quien llamaba al niño.
Entonces le dijo a Samuel: —Ve y acuéstate de nuevo y,
si alguien vuelve a llamarte, di: "Habla, SEÑOR, que tu siervo escucha".
Así que Samuel volvió a su cama.

OIKOS:

Esta semana ha visto la increíble diversidad con la que el Santo habla, se mueve y ministra en las vidas de la gente. Mientras continúa estudiando la Palabra de Dios, ore y comparta con su Mentor, espere que Dios obre en los que le rodean. Recuerde que Dios salva a familias, ciudades e incluso países. Él está obrando dentro de usted y le usará como Su testigo para esas personas especiales que Él ha colocado estratégicamente a su alrededor. Continúe buscando Su obra en su OIKOS. Prepárese cuando se lo pida. Hasta entonces, sea como Samuel: "Relájese y acuéstese de nuevo".

Guía de Oración:

Amado Dios:
¡Por favor perdona nuestros pecados en el nombre de Jesús!
¡Bautízanos en tu Espíritu Santo!
¡Supera al diablo, las obras de nuestra carne, y nuestro pecado!

Llénanos con tu Espíritu.
Sé nuestro maestro, nuestro guía, nuestra fuerza,
nuestra sabiduría y nuestra provisión.

Permítenos ministrar.
Permítenos llevar mucho buen fruto.
Permítenos utilizar los dones que nos has dado.
Condúcenos, guíanos y protégenos.

¡Llénanos con toda la plenitud de tu presencia
para que podamos tus agentes de rectitud en este mundo!

Gracias Dios por la promesa de tu Espíritu.
Tú, viviendo en nosotros, es un concepto que apenas entendemos.
¡Definitivamente, es la caminata en la que deseamos estar!

Aleja el mal de nosotros.
¡Úsanos y haz lo quieras de nosotros!

¡Confórmanos a la imagen de tu amado Hijo
y a todos tus propósitos para nosotros en el mundo!

En el nombre de Jesús, Amén

Jumpstart: Sesión 5

"La Espada"

Introducción:

Si busca la frase "Palabra de Dios" en la traducción de la Biblia LBLA, encontrará 486 versículos. Si buscas la "Palabra del Señor" encontrarás 2,630 visitas. Si añades palabras como "Escrituras, profecía, revelación, estudio, medita, ley de Dios, o mandamientos", encontrarás miles más. Los sesenta y seis libros del Antiguo y Nuevo Testamento son el registro escrito del plan de Dios para su pueblo. La Biblia, más que cualquier otra fuente, nos enseña lo que necesitamos saber para la vida en este mundo y para las glorias del cielo que están por venir. En esta Sesión vamos a permitir que las Escrituras revelen su fuente, autoridad y propósito en la vida de creyentes e incrédulos. Esta sesión presentará un tema digno de una vida de estudio diligente. ¡Disfrútela!

Versículos claves para memorización y reflexión: Efesios 6:17 (NTV)
Pónganse la salvación como casco y tomen la espada del Espíritu,
la cual es la palabra de Dios.

Lección:

Mi oración es que las Escrituras que estás a punto de estudiar te desafiarán y animarán. La Palabra escrita de Dios es Su método primario para comunicarse con Sus hijos. Es el fundamento. Es la "Última Palabra". Las Escrituras de hoy son versículos que me han desafiado y dirigido conforme he vivido y crecido en mi fe. ¡Oro que obren profundamente en su alma y lleven un fruto asombroso en su vida!

Prefacio:

Me encanta ver bebés hambrientos. Se menean, gruñen, resoplan, lloran, y exigen ser alimentados. Una vez que un bebé ha encontrado su objetivo todo cambia. Ellos maman y mueven sus boquitas hasta estar llenos y contentos. Los escritores de las Escrituras usaron esta ilustración eterna para enseñarnos una gran verdad espiritual. Es apropiado y bueno que los bebés sean alimentados por otros. A medida que crecen es normal que principien a alimentarse a sí mismos. Los adultos sanos se alimentan a sí mismos y a menudo se hacen responsables de la alimentación de otros. Es la progresión normal de la vida.

1 Pedro 2:2-3 (NTV)

Como bebés recién nacidos, deseen con ganas la leche espiritual pura para
que crezcan a una experiencia plena de la salvación.
Pidan a gritos ese alimento nutritivo
ahora que han probado la bondad del Señor.

1 Corintios 3:1-3a (NTV)

Amados hermanos, cuando estuve con ustedes,
no pude hablarles como lo haría con personas espirituales.
Tuve que hablarles como si pertenecieran a este mundo
o como si fueran niños en la vida cristiana.
Tuve que alimentarlos con leche, no con alimento sólido,
porque no estaban preparados para algo más sustancioso.
Y aún no están preparados,
porque todavía están bajo el control de su naturaleza pecaminosa.

Hebreos 5:11-14 (NTV)

Nos gustaría decir mucho más sobre este tema,
pero es difícil de explicar, sobre todo porque ustedes son
torpes espiritualmente y tal parece que no escuchan.
Hace tanto que son creyentes que ya deberían estar enseñando a otros.
En cambio, necesitan que alguien vuelva a enseñarles las cosas básicas
de la palabra de Dios. Son como niños pequeños que necesitan leche y no
pueden comer alimento sólido. Pues el que se alimenta de leche
sigue siendo bebé y no sabe cómo hacer lo correcto.
El alimento sólido es para los que son maduros, los que a fuerza de práctica
están capacitados para distinguir entre lo bueno y lo malo.

¿No es sorprendente que tres diferentes autores en tres diferentes libros del N.T. nos dicen casi exactamente lo mismo? El cuidado de bebés espirituales es estupendo. El cuidado de adolescentes espirituales es vergonzoso. ¡Es sencillamente malo tener que cuidar, dar leche a cristianos adultos de muchos años! Si usted ha sido cristiano durante mucho tiempo y todavía se siente como un bebé lactante: relájese. El hecho de que esté participando en JumpStart me dice que está listo para saber, crecer, e ir. ¡Alabado sea Dios! Estoy muy contento que esté aquí, y ansioso por ver lo que Dios tiene para usted. En serio, nunca es demasiado tarde sumergirse en la Palabra de Dios. Mire hacia el futuro, no hacia el pasado.

Pregunta:

¿Cuál describe mejor su edad espiritual actual y su relación con la Palabra de Dios? Note: esto no tiene nada que ver con la edad que tiene o cuánto tiempo ha sido creyente. Sea honesto. Si lo comparte: esto queda entre usted, Dios y su Mentor.

A. Soy un hambriento bebé espiritual. Ansío que alguien me alimente con la Biblia.

B. Estoy creciendo y ya me estoy alimentando solo con la leche de la Palabra.

C. Yo me alimento por mí mismo con comida espiritual sólida.

D. Tengo hambre de comida espiritual y deseo compartir con otros lo que aprendo.

E. Yo podría estar al borde de hambruna espiritual.

1. Según 2 Pedro 1:20-21 y 2 Timoteo 3:16, ¿quién es la autoridad detrás de la Palabra escrita?
___
___

2. Hebreos 4:12-13 enumera varios atributos de la Palabra. También nos da un propósito para la Palabra.

   A. Haga una lista de los atributos:
___
___
___

   B. Encuentre el propósito:
___
___
___

ADVERTENCIA:
Este es un Ejemplo Realmente Asqueroso pero Muy Bueno

Mientras el Pastor Paul asesoraba a Ron Lee, profundizaron en Hebreos 4:12-13. Recordaron que cuando se limpia un pescado: es sostenido, enrollado sobre su espalda, y se le inserta un cuchillo de filetear en la región baja del vientre. Se presiona hacia abajo hasta que el cuchillo atraviesa y penetra la capa externa de la piel.

Usted sigue cortando hacia arriba hasta abrir todo el vientre del pez. Luego, usted puede meter la mano y sacar todas las tripas y partes. Usted corre la punta de su dedo medio por la columna vertebral del pez y separa del hueso la membrana y la sangre. Usted escarba con su mano hasta limpiar el interior del pescado: las partes feas se han ido, y ya está listo para cocinar.

Éste es un cuadro gráfico de cómo Dios obra dentro de nosotros. Él usa Su Palabra en manos de Su Espíritu para abrirnos y poder sacar toda la basura acumulada en el interior. Un pescado bien limpio está listo para freír y comer. Un cristiano santificado está listo para servir. ¡Comprométase a Cristo e invítele a que envíe al Espíritu Santo y aplique la Palabra a su corazón! El proceso de limpieza podría doler un poco, pero el resultado final vale la pena.
¡Sólo quédese quieto en la mano del
Maestro y Él sanará su corazón!

¡Le advertí que era un ejemplo asqueroso!
¡Pero es la verdad!!

3. Cierre los ojos y evalúe su actitud hacia Dios y Su Palabra en su vida. ¿Está listo para permitir que la verdad y la enseñanza de la Palabra de Dios impacten y penetren toda área de su vida y su carácter? ¿Está listo para que el Espíritu de Dios use la Palabra de Dios y haga una cirugía espiritual en su corazón, mente y alma? ¿Ha sometido su corazón y su mente a la transformadora obra de Dios? Si no, ¿por qué no? ¿Qué lo detiene? Dele permiso a Dios ahora mismo para que continúe Su obra.

_____

_____

4. El Apóstol Pablo fue un padre espiritual para el joven Timoteo. En 2 Timoteo 3:10-17 escuchamos el poderoso y apasionado testimonio de Pablo y su súplica. Pablo derrama su corazón al joven Timoteo. ¡Él declara el estilo de vida del siervo de Dios, el costo de la obediencia y el poder que Dios nos ha dado en Su Santísima Palabra! ¡Acepte el reto de Pablo al examinar este poderoso pasaje!

    A.   **¹⁰Pero tú, Timoteo, sabes muy bien lo que yo enseño y cómo vivo y cuál es el propósito de mi vida. También conoces mi fe, mi paciencia, mi amor y mi constancia.**

¿Coincide lo que cree en su mente y dice con su boca acerca de ser cristiano, con la vida que realmente está viviendo y diciendo? ¿Concuerda el propósito de su vida con el plan de Dios? ¿Está viviendo en la agenda de Dios o en la suya? ¿Puede hablar con valor a la vida de un joven creyente como lo hizo Pablo?

_____

_____

    B.   **¹¹Sabes cuánta persecución y sufrimiento he soportado, y cómo fui perseguido en Antioquía, Iconio y Listra; pero el Señor me rescató de todo eso. ¹²Es cierto, y todo el que quiera vivir una vida de sumisión a Dios en Cristo Jesús sufrirá persecución.**

¿Puede pensar en situaciones en su vida donde al poner en práctica la Palabra de Dios podría traer conflicto o angustia? ¿Está listo para lidiar con los cambios que la obediencia total a Cristo podría traer? Recuerde: impactará a los que le rodean.

_____

_____

_____

C. ¹³Pero los malos y los impostores serán cada vez más fuertes.
Engañarán a otros, y ellos mismos serán engañados.
Pero tú debes permanecer fiel a las cosas que se te han enseñado.
Sabes que son verdad, porque sabes que puedes
confiar en quienes te las enseñaron.

¿Están los líderes espirituales que usted sigue, comprometidos a buscar y obedecer la verdad de la Palabra de Dios?
_____
_____

D. ¹⁵Desde la niñez, se te han enseñado las sagradas Escrituras,
las cuales te han dado la sabiduría para recibir la salvación
que viene por confiar en Cristo Jesús. Jesus.

¿Qué implicación tiene el versículo 15 para los niños en su iglesia? ¿Está comprometido a enseñar y a ganar para Cristo a la próxima generación?
_____
_____

E. ¹⁶All Toda la Escritura es inspirada por Dios y es útil para enseñarnos
lo que es verdad y para hacernos ver lo que está mal en nuestra vida.
Nos corrige cuando estamos equivocados y nos enseña a hacer lo correcto.

El Apóstol nos da cuatro poderosas declaraciones sobre lo que la Palabra logrará en nuestras vidas. Identifique las cuatro cosas.

1. _____
2. _____
3. _____
4. _____

¿Está buscando esta interacción instruccional con la Palabra de Dios? ¿Está listo para ser enseñado, convicto, informado y transformado? ¡Dios nos invita a esta humilde y sometida relación con Él a través de Su Palabra! ¿Hay algo que le detenga?
_____
_____

Reflexión:

Hay un punto en su caminata espiritual cuando la Palabra de Dios principia a hablarle a su vida. El Espíritu puede aplicar la Palabra a su carácter, estado de ánimo, moral, temperamento, trabajo, hábitos, amigos, familia, drogas, alcohol, pornografía, etc. Este es un momento crucial de despertar. ¿Está entregado a algo que la Palabra de Dios prohíbe? ¿Evita hacer algo que la Palabra de Dios requiere? La Palabra nos encara con una opción que tiene el poder de afectar nuestro destino, el de nuestros hijos, nuestro linaje en las futuras generaciones, el mundo y el Reino. Cuando venimos a Cristo, el potencial para el bien es inaudito. Si desobedecemos a Cristo de adrede, el resultado puede ser caótico. Nuestro discipulado se vive a la vanguardia de nuestras elecciones.

¡Si vivimos sometidos a 2 Timoteo 3:16, el versículo 17 sucederá en nuestra vida!

> ^{17}Dios la usa para preparar y capacitar a su pueblo
> para que haga toda buena obra.

Un pensamiento más en este punto crucial: Dios le ama. Sus caminos siempre son rectos, verdaderos y buenos. Confíe en Él para tener la fe y el valor de obedecerle. Él desea mejor para usted. Sus emociones, deseos físicos, opiniones y planes pueden parecer correctos. Si van en contra de la enseñanza clara y consistente de la Palabra de Dios, están equivocados. Este es el momento de la caminata cuando se deciden los destinos. Elija a Dios siempre que llegue a esta bifurcación. Nunca se arrepentirá.

Un Relato Verdadero Sobre mi Nieta:

Yo estaba en la iglesia hace unas semanas, cuando vi a mi nieta de tres años tratando de meter las llaves del coche de su mamá en un enchufe eléctrico. Habría sido gracioso excepto por el terrible potencial de daño a sus preciosas manitas. He cortado cables eléctricos vivos y la hoja de mi navaja preferida tiene un punto derretido para probarlo. Mi abuelo sólo tenía un brazo porque él otro se le quemó intentando sacar a su compañero de una línea de alta tensión. Cuando vi la llave cerca del enchufe, supe enseguida qué podía suceder; mi nieta no. Me incliné. Le quité las llaves. Y le dije: "NO" con una voz debidamente severa. Le expliqué que eso podía lastimarla así que no debía hacerlo. Pegó un salto y corrió por el santuario llorando y gritando porque su abuelito le había dicho "NO" y le había quitado las llaves ¿Cuán a menudo hacemos lo mismo con Dios? Amo a mi nieta e hice lo mejor para ella. ¡Ella no estaba convencida!

5. La Palabra de Dios es peligrosa. El cristianismo es un deporte de contacto. La verdad de Dios tiene el poder de causar división. Por siglos, los cristianos han muerto o fueron encarcelados por vivir y proclamar su fe. ¡Aún sucede hoy en muchas partes del mundo! [Visite: www.persecution.com.]

A. Hechos 7:51-59 relata la historia del primer mártir del N.T. La mayoría de creyentes nunca se encontrarán en una situación tan trágica. Con todo, nos muestra lo divisiva que puede ser la Palabra de Dios. ¿Tiene suficiente confianza en Cristo que elegiría morir antes que negarlo?

_____
_____

B. Jesús advirtió a sus discípulos cómo les respondería el mundo, y por qué. ¿Ha experimentado alguna vez en su vida algo así? Juan 15:18-20
_____
_____

6. La buena noticia es que la Palabra de Dios promete bendiciones y desafíos.

    Éxodo 20:4-6 contiene una porción de los Diez Mandamientos. Medite en la bendición en el versículo seis. ¿Cómo podría aplicarse esto a usted y a su familia?
_____
_____

7. Juan 6:66-69 contiene uno de los versículos más tristes y gloriosos de la Biblia. Jesús recién concluía una difícil enseñanza. En respuesta a Su enseñanza, diferentes personas cogen diferentes rumbos. ¿Qué escogió Pedro? ¿Por qué?
_____
_____

8. Salmos 19:9-11 capta el poder de las promesas en la Palabra de Dios o la Ley de Dios. ¿Qué prometen?
A. _____
B. _____

9. Salmo 119 describe los atributos y promesas de la Palabra de Dios. Sus 176 versículos lo convierten en el capítulo más largo de toda la Biblia. Su singular estructura se revela en el hebreo original porque sigue el orden de todo el alfabeto hebreo. Aparte un tiempo para leer este Salmo, y marque los versículos que le hablen en forma especial. Este Salmo hace muchas declaraciones divinas. Hablan a muchas áreas de la vida. ¡Permita que le hablen y animen su vida! Comparta con su mentor los versículos que le hablen.
_____
_____
_____

Dibuje cómo capta y cómo lo hace sentir el Salmo 119.

10. Esdras fue un líder y un predicador en el antiguo Israel. Él ayudó a restaurar la ley y la adoración al pueblo de Dios en un momento clave en su historia. ¡Esdras 7:10 nos da una progresión maravillosa para el liderazgo! ¿Qué tres cosas hizo Esdras? ¿En qué orden? ¿Por qué fue importante ese orden?

1. _____
2. _____
3. _____

¿Se meten en apuros los líderes espirituales si violan este patrón? ¿Por qué o por qué no?

_____
_____
_____

11. Santiago 1:19-25 nos da un cuadro muy práctico de nuestro vínculo con la Palabra de Dios. ¿Qué nos llama Santiago a hacer? ¿Cuáles son los pros si acatamos?

_____
_____
_____

¿Sigue Santiago el patrón de Esdras? ¿Cómo?

_____
_____
_____

12. Hemos dicho muchas veces que estas sesiones apenas rozan la superficie de temas que merecen un estudio vitalicio. Esto es especialmente cierto en esta sesión. Este tema es la clave para todos los demás. Termine meditando sobre estos dos versículos. Uno es especialmente para creyentes. Otro es para indagadores. ¡Oramos que obedezca estas palabras y las convierta en norma básica de su vida!

Para el Creyente: 2 Timoteo 2:15 (RVA)
Procura con diligencia presentarte a Dios aprobado,
como obrero que no tiene de qué avergonzarse,
que traza bien [manejo correcto]
la palabra de verdad.

Para el indagador: Hechos 17:11-12 (NTV)
Los de Berea tenían una mentalidad más abierta
que los de Tesalónica y escucharon con entusiasmo el mensaje de Pablo.
Día tras día examinaban las Escrituras
para ver si Pablo y Silas enseñaban la verdad. [12]
Como resultado, muchos judíos creyeron, como también lo hicieron muchos
griegos prominentes, tanto hombres como mujeresand men.

Conclusión:

La Palabra del Señor tiene el poder de condenar, salvar, cambiar y equipar. Tiene poder de sanar, ayudar y alentar. También tiene el poder de encarar, inquietar y destruir. La Palabra de Dios puede ser una cama de plumas para evitar la caída o un martillo para aplastar al altivo rebelde. La Palabra de Dios tiene un mensaje para toda ocasión o situación. Aun así, es como una mina de oro. Para poder encontrar pepitas, debe adquirir las herramientas precisas y estar listo a sudar mientras escarba.

Vivimos en un mundo de constantes citas pegajosas. La mayoría de nosotros hojeamos los titulares de Yahoo, texto, charlas, y leemos las alertas noticiosas en la parte inferior de la tele; todo al mismo tiempo. La Palabra de Dios es todo lo opuesto. Requiere tiempo y esfuerzo enfocado e intencional. Requiere hambre espiritual, estudio diligente y persistencia tenaz.

Le da la bienvenida al hambriento bebé espiritual que está dispuesto a acercarse, abrazarse, aferrarse, y beber a fondo de sus vivificadoras páginas. Los hambrientos cosecharán las recompensas que Dios promete en esta vida y la futura vida eterna.

Capacitación militar: "Vedar sus líneas de suministro".

Durante mi capacitación en las Fuerzas Especiales, aprendimos un principio clave de la guerra de guerrillas. La forma en que una fuerza de combate más débil y pequeña derrota a una convencional grande, es "Vedando sus líneas de suministro". Eso significa quemar su comida, explotar sus puentes, minar sus pistas de aterrizaje, quemar su suministro de combustible, y explotar su depósito de municiones. Si tu enemigo está con, hambre, sed, inmóvil y desarmado: no puede luchar eficazmente. Satanás es un brillante estratega. Hará todo lo posible para: "Vedar su línea de suministro espiritual". Si él puede mantenerte lejos de la Palabra: ¡él te ha separado de tu espada! A la larga, estarás muy débil para luchar eficazmente. Si te encuentras frente a un sin fin de excusas para descuidar la adoración, el grupo pequeño, la tutoría o el estudio de la Biblia: puedes estar seguro de que no provienen de Dios. Satanás ha cortado tu línea de suministro. Haz lo que sea necesario para recuperarla. Hazlo ahora.

Jumpstart: Asesoramiento 5
"La Espada"

Tocando Base:

Si es un creyente maduro, esta semana quizá alentó cosas que ya cree. Si es un nuevo creyente, puede que le haya asombrado la autoridad que aduce la Palabra de Dios. Cuando yo era un bebé en la fe, John Gosset hizo estudio bíblico conmigo en la Iglesia Helen Street Church of Christ en Fayetteville, N.C. Sentados en su cocina abríamos nuestras Biblias de Estudio Dixon KJV. Él escogía un tema como Dios, Jesús, el pecado o la santificación. Usamos los versículos en la concordancia de Biblia para guiar nuestros estudios. Fueron bellos momentos que me iniciaron en el estudio de la Palabra de Dios. John me habló muy claro. Pasé a ser de Cristo. Él era mi Señor. Su Palabra ya era mi guía. ¡Esa fue una nueva gran experiencia para mí! Cuarenta después, veo hacia atrás con un corazón agradecido y sé que él que tenía razón. Dígale a su mentor de veras, cuál fue su reacción a la sesión de esta semana. ¡Aceptar la total autoridad de la escrita Palabra de Dios será una de las decisiones más cruciales en su discipulado! Sin ella, hay riesgo de recrear a Jesús a su imagen.

Conversaciones rompehielos:

1. Repase la pregunta del prefacio en relación a la leche de la Palabra. ¿Cuál de los cinco tipos le describe mejor?   ¿Por qué?

2. La idea de cambio recorre las Escrituras. Dios llama a los cristianos a ser conformados a la "imagen" de Cristo. ¿Cómo le impacta esa idea? ¿Se ve como un poco de barro en las manos de Dios? ¿Está dispuesto a ser "renovado"?

3. Dedíquele tiempo a la pregunta 3. Comparta sus respuestas entre sí. Esa pregunta refuerza el asunto primordial. ¿Es usted el Señor de su vida y quien establece la agenda? O, ¿es Dios el Señor de su vida?

4. Las preguntas 4 y 5 analizan el poder y peligro de la Palabra de Dios. ¿Lo ha metido en serios líos obedecer la Palabra de Dios? ¿Hay áreas de tu vida donde mantienes a "distancia" la Palabra?
___

5. La pregunta 9 le invitó a leer el Salmo 119 con pluma en mano. ¿Qué versículos marcó? ¿Qué parte de ellos le habló a su corazón? Compártanlos juntos
___
___
___

6. ¿Qué patrón de liderazgo nos enseñaron Edras y Santiago en las preguntas 10 y 11? ¿Cómo está practicando eso en su propia vida? Si usted es padre de familia, ¿cómo puede ayudar a que sus hijos adopten este patrón?
___
___
___

OIKOS:

Cuando Paul era un niño en la fe, asistió a una reunión y tuvo una plática con uno de los varones. Cuando él llegó a casa, su madre llamó y preguntó: "¿Qué le hizo?" Paul no le había hecho nada. Simplemente había hablado con él y le había compartido algunas cosas que Dios estaba haciendo en su propia vida. Tristemente, el hombre estaba totalmente asustado por el encuentro. El tiempo reveló que el hombre era un borracho que estaba teniendo un amorío y se dirigía al divorcio. Paul no sabía nada en aquel momento. No obstante, la Palabra de Dios y Su Espíritu, obraron juntos trayendo convicción al alma del hombre. Prepárese, ya que puede ser, que Dios se principie a revelar a su OIKOS a través de usted. Le puede gustar a algunos y a otros no. Sea amable, gentil y cariñoso. La obra es de Dios, no suya. Sólo necesita permanecer en Su Palabra. Su luz brillará y la gente la verá. Lo que hagan con ella es entre ellos y Dios.

Reflexión Final:

Algo sucede cuando usted pone un clavel blanco fresco en un florero con colorante de comida rojo. El color, asciende del tallo y hacia los pétalos. La flor absorbe el color y cambia para siempre. Lo mismo pasa con la Palabra de Dios en usted. Así que, absórbala.

Jesus nos enseñó en Juan 8:31b-32 (NTV),
"Ustedes son verdaderamente mis discípulos
si se mantienen fieles a mis enseñanzas;
y conocerán la verdad, y la verdad los hará libres."

El Señor habló al profeta Jeremías en Jeremías 18:1-6 (NTV),

El SEÑOR le dio otro mensaje a Jeremías:
«Baja al taller del alfarero y allí te hablaré».
Así que hice lo que me dijo y encontré al alfarero trabajando en el torno;
pero la vasija que estaba formando no resultó como él esperaba,
así que la aplastó y comenzó de nuevo.
Después el SEÑOR me dio este mensaje:
«¡Oh, Israel! ¿No puedo hacer contigo lo mismo que hizo
el alfarero con el barro? De la misma manera que el barro
está en manos del alfarero, así estás en mis manos.

Apéguese a la verdad de Dios. Entréguese de lleno a todo lo que sabe de Dios. ¡No renuncie! ¡No retroceda! ¡Cuando Dios le muestre algo, acéptelo y lo hágalo! Es posible que vuelen chispas cuando Dios emprenda cosas nuevas a su vida o quite cosas viejas. Permita que la Palabra de Dios y Su Espíritu Santo penetren totalmente en usted. Repose en la mano de Dios mientras Él le limpia. ¡Permanezca en el horno de Dios hasta ser perfeccionado, ¡incluso si siente las llamas!

Guía de Oración:

Padre Celestial:
Llena nuestros corazones y mentes con hambre de tu Palabra.
Mantén al diablo lejos de nosotros, protege nuestras líneas de suministro, Y concédenos una gran diligencia para estudiar Tu Palabra.
Abre nuestras mentes para poder entender y suaviza nuestros corazones para que podamos recibir y obedecer. Forja nuestra voluntad y concédenos mucha fortaleza para persistir en todo lo que nos llames.
Haznos a la imagen de Jesucristo en todas las cosas.
Permítenos ser el bebé, la flor, el barro, el pez y perfecciónanos.
Continúa tu obra en nosotros hasta completarnos.
Oramos en el poderoso nombre de Jesús, Amén

Jumpstart: Sesión 6
"La Conexión"

> ### Introducción:
> No conozco al presidente de ningún país que me permitiera entrar en su oficina para compartirle mis más íntimos pensamientos. ¡El Rey del Universo lo hace! Él nos invita a entrar a la morada de Su trono y hablar con él. De hecho, Él se deleita en nuestra comunión. Esta semana examinaremos algunas de las variadas dimensiones de la oración que Dios pone a nuestro alcance a través de Cristo. ¡Usted también verá el asombroso papel que juega el Espíritu Santo en favor suyo! ¡Abra su corazón y mente a esta asombrosa oportunidad!

Versículos Claves para la Memorización y Reflección: Salmo 116:2 (NTV)
Debido a que él se inclina para escuchar,
¡oraré mientras tenga aliento!

Lección:

La NTV contiene 468 versículos sobre la oración. Principian en Génesis y concluyen en Apocalipsis. Usted encuentra oraciones en la ley, profetas, reyes, salmos, evangelios y epístolas. Todo gran líder espiritual ha hablado con Dios. Y aún más importante, Dios les ha hablado. Felizmente, la oración no es sólo para los grandes y poderosos. Dios recibe a cada uno de nosotros. No importa cuán fuertes, débiles o sabios podamos ser.

1. Principie su estudio en Lucas 6:12. ¿A quién vemos pasando una noche en oración a Dios? ¿Qué pensamientos o preguntas vienen a la mente cuando piensa que esta persona pasa tiempo en oración con Dios?

   _____
   _____

2. Los discípulos vieron un sólido patrón de oración en la vida de Jesús. Él oró solo. Él oró con los discípulos. Apartó a Pedro, Santiago y Juan para tiempos especiales de oración. Oró por la comida en presencia de miles. Incluso oró por los enfermos y los muertos. Cuando los discípulos vieron el patrón regular de oración en la vida de Jesús, reconocieron su propia necesidad. Le pidieron: "Señor, enséñanos a orar". Jesús respondió con su famosa enseñanza que se halla en Mateo 6:5-13 (NTV). Use esos versículos en respuesta a las siguientes preguntas.

A. ¿Qué piensa Jesús acerca de las oraciones de "ostentación"?

"Cuando ores, no hagas como los hipócritas a quienes les encanta orar en público, en las esquinas de las calles y en las sinagogas donde todos pueden verlos. Les digo la verdad, no recibirán otra recompensa más que ésa.

_____
_____

B. ¿Qué actitud debemos tener cuando oramos?

Pero tú, cuando ores, apártate a solas,
cierra la puerta detrás de ti y ora a tu Padre en privado.
Entonces, tu Padre, quien todo lo ve, te recompensará..

_____
_____

C. ¿Qué piensa Jesús de las palabras repetidas y de un corazón vacío?

Cuando ores, no parlotees de manera interminable como hacen los seguidores de otras religiones. Piensan que sus oraciones recibirán respuesta sólo por repetir las mismas palabras una y otra vez. No seas como ellos, porque tu Padre sabe exactamente lo que necesitas, incluso antes de que se lo pidas.

_____
_____

D. Uno de los mayores desafíos a su relación con Dios, puede ser su relación con su padre terrenal. ¿Cómo se relaciona la idea de hablar con su Padre Celestial con sus recuerdos de hablar con su padre terrenal? ¿Hay alguna necesidad de sanidad del corazón que debe suceder al tratar de aprender a compartir con el Padre Dios?

Ejemplo:

Si su padre terrenal gritara, podría pasar tiempo en cuenta que su Padre Celestial ama y escucha. Si su padre terrenal le mintiera o le robara, quizás llevaría tiempo darse cuenta que Dios es veraz y confiable. Si su padre terrenal abusó o maltrató: a su Padre Celestial le encantaría sanar su corazón y mostrarle las características del verdadero amor. Estoy orando por usted mientras camina con Jesús a través de este doloroso proceso.

Ora de la siguiente manera: Padre nuestro que estás en el cielo,

E. ¿Qué significa para usted que Jesús llamó a Dios su "Padre en el cielo"? Para algunos esto es algo positivo, para otros podría ser un tropezadero.

_____
_____
_____

"que sea siempre santo tu nombre".

F. Cuando entramos en la presencia de Dios estamos en Tierra Santa. ¿Está listo para ser contagiado de Su Santidad? ¿Están listos sus amigos?

_____
_____
_____

Que tu reino venga pronto.
Que se cumpla tu voluntad en la tierra como se cumple en el cielo.

G. ¿Qué significará para usted y su OIKOS si los valores de Dios y Su Reino comienzan a tomar forma en su vida cotidiana ¿Cómo se vería si en efecto, usted buscara "hacer Su voluntad" todo el tiempo?

_____
_____
_____

[11]Danos hoy el alimento que necesitamos,

H. ¡Dios se preocupa por sus necesidades! ¿Qué necesidades concretas y tangibles puede usted llevar a su tierno y amoroso Padre? ¡Esta verdad va más allá de la comida! ¿Qué necesidades tiene en la vida que sólo Dios puede tocar?

_____
_____
_____

> y perdona nuestros pecados, así como hemos perdonado a los que pecan contra nosotros.

I. ¡Hay un aspecto relacional claro y directo con la oración! Jesús conectó el perdón de Dios hacia nosotros, con nuestro perdón hacia los que pecan contra nosotros. En la sesión uno hablamos de cómo el pecado de Adán lo hizo esconderse de Dios. Dijimos que el pecado nos separa de Dios, de los demás, y del verdadero yo. Dios le invita a perdonar a otros y recibir Su perdón. ¿Qué estorba sus relaciones terrenales o celestiales? ¿Qué pasos le está llamando Dios a dar?

_____

_____

_____

> No permitas que cedamos ante la tentación, sino rescátanos del maligno.

J. Hay un diablo a quien Cristo llamó el tentador. El maligno está fuera de nosotros. La tentación trabaja dentro y fuera. ¿Hay fuerzas externas de las que necesita protección? ¿Qué tentaciones internas necesita Dios tocar en su vida?

_____

_____

Recuerde:

Es más fácil orar por fortaleza en el gimnasio que haciendo línea en el bufet. Orar para ser librarnos de la tentación incluye ser honesto y admitir quién nos tienta, qué nos tienta y dónde vamos para ser tentados. Soy un trampero profesional de ratas. Mi abuelo me enseñó cómo preparar trampas con mantequilla de maní extra crujiente. No parece justo. Si una rata hambrienta entra en mi garaje: ya es mía. Satanás no es diferente. Él sabe lo que anhelas y una vez que muerdes la carnada: es demasiado tarde. Ya te atrapó. La clave para ser libre es no entrar al garaje.

3. ¿Qué condiciones nos da Pedro para la oración contestada?

A. 1 Pedro 1:17 _____

B. 1 Pedro 3:7 _____

C. 1 Pedro 3:10-12 _____

4. Daniel fue un increíble profeta del A.T. Dios lo usó para influir en los gobernantes de los reinos celestiales y terrenales. Mire su historia y aprenda los principios que puede poner en práctica.

A. ¿Cuán seriamente tomó Daniel la oración? Daniel 6:6-11

_____
_____

B. ¿Puede oír la pasión por su pueblo en la oración de Daniel?
¿Qué causa mueve su corazón a pedirle a Dios en oración así? Daniel 9:17-19

_____
_____
_____

C. Cuando Daniel oró en la tierra, ¿qué pasó en el cielo? Daniel 9:20-23

_____
_____

D. Daniel 10:12-14 pinta un cuadro inaudito de la guerra en el reino celestial. ¿Puede imaginar a un ser satánico sitiando a un emisario celestial? ¡Medite en este pasaje! ¿Se ve a sí mismo como un guerrero cósmico? ¿Cree que sus oraciones desatan la guerra en los cielos por sobre su casa, familia, iglesia, ciudad y país? ¡Así es!

> Entonces dijo: «No tengas miedo, Daniel.
> Desde el primer día que comenzaste a orar para recibir entendimiento y a humillarte delante de tu Dios, tu petición fue escuchada en el cielo.
> He venido en respuesta a tu oración; pero durante veintiún días el espíritu príncipe del reino de Persia me impidió el paso.
> Entonces vino a ayudarme Miguel, uno de los arcángeles,
> y lo dejé allí con el espíritu príncipe del reino de Persia.
> Ahora estoy aquí para explicar lo que le sucederá en el futuro a tu pueblo, porque esta visión se trata de un tiempo aún por venir».

_____
_____
_____

5. Quiero que piense en los problemas más difíciles que enfrente. Piense en su matrimonio, trabajo, hijos, finanzas, salud y ministerio. Piense en sus mayores esperanzas, miedos y sueños. Deje que su mente divague. Pida al Espíritu Santo que ore por usted y lo proteja mientras busca Su guía en sus necesidades de oración.

Cuando su necesidad sea clara, vaya a las palabras de Jesús en Lucas para recibir una gran promesa.

Lea Lucas 11:5-13. ¿Qué le está diciendo Jesús sobre su necesidad ahora mismo?
_____
_____

6. ¿Qué dice Jesús acerca de la persistencia en la oración en Lucas 18:1-6?
_____
_____

7. ¡Aquí están algunos versículos que me han animado en mi caminata de oración! Léalos despacio. Piense en ellos. Aplíquelos a su vida ahora mismo.
¿Cómo lo animan a la luz de los desafíos que pueda estar enfrentando?

A. Jeremías 33:3
_____
_____

B. Romanos 8:26-27
_____
_____
_____

C. Apocalipsis 5:8
_____
_____

D. Apocalipsis 8:3-4
_____
_____

8. El escritor del libro de Hebreos nos da una gran declaración sobre nuestro Señor y Salvador: ¡Jesús el Cristo! Es una inaudita invitación que muchas personas religiosas distintas del cristianismo apenas puedan entender. Tristemente, algunas iglesias han forjado niveles de liderazgo entre Dios y Su pueblo. Aprópiese de los siguientes versículos y jamás permita que nadie, o cualquier cosa, se los quite.

Hebreos 10:19-23 (NTV)

"Así que, amados hermanos,
podemos entrar con valentía en el Lugar Santísimo
del cielo por causa de la sangre de Jesús.
Por su muerte, Jesús abrió un nuevo camino —un camino que da vida—
a través de la cortina al Lugar Santísimo.
Ya que tenemos un gran Sumo Sacerdote que gobierna la casa de Dios,
entremos directamente a la presencia de Dios con corazón
sincero y con plena confianza en él.
Pues nuestra conciencia culpable ha sido rociada con la sangre de Cristo a fin
de purificarnos, y nuestro cuerpo ha sido lavado con agua pura.
Mantengámonos firmes sin titubear en la esperanza que afirmamos,
porque se puede confiar en que Dios cumplirá su promesa".

A. ¿Quién o qué le da la autoridad para entrar al mismo salón del trono de Dios?

_____

_____

B. ¿Cuál debe ser su actitud cuando se acerca al Rey?

_____

_____

C. Si Jesús pagó el precio y abrió el camino ¿necesitas algún otro líder religioso o institución para abrir la puerta y abrir el camino?

_____

_____

_____

D. ¿Hay alguna mención de pagar dinero para tener acceso a Dios?

_____

_____

_____

Conclusión:

Un antiguo himno clásico nos hace una grandiosa invitación:

**Solemnes resuenen las voces de amor,
Con gran regocijo tributen loor
Al Rey Soberano, el Buen Salvador;
Dignísimo es El del más alto honor.
Es nuestro escudo, baluarte y sostén,
El Omnipotente por siglos. Amén.
Fanny Jane Crosby (1820-1915)**

La oración es una conversación. Es el niñito que sube audazmente al regazo de su madre y el adolescente en una charla íntima con el papá. Es el embajador presto que recibir las instrucciones de su presidente. Es un abogado rogando al juez que muestre misericordia.

La oración es excelentemente simple y accesible al niño más chico. La oración es una poderosa comunicación capaz de desatar la guerra en los cielos. La oración está abierta a todos por la obra que Jesucristo culminó en la cruz. La oración también ejerce presión sobre nuestro carácter y pide obediencia a Dios. ¡La oración es el vínculo vital hacia nuestro Señor viviente! ¡Indáguelo usted mismo con humildad, pasión y persistencia! ¡Sólo Dios sabe adónde le llevará la caminata de oración!

Si alguna vez se queda atascado en su vida de oración, pídale al Espíritu Santo que le ayude. Recuerde, ni siquiera sabemos orar como deberíamos. El Espíritu es capaz de leer nuestra mente, conocer nuestro corazón, y gemir nuestros pensamientos más íntimos ante el trono de Dios. Él lo hace de una forma tan increíble que son conocidos y escuchados completamente y absolutamente. ¡Así que ármese de valor y extienda las manos! Dios siempre está listo para conectarse.

Jumpstart: Asesoría 6
"La Conexión"

> ### Tocando Base:
> La sesión de la semana pasada sobre la Palabra fue muy objetiva. La sesión de esta semana fue más subjetiva. Nuestras pláticas íntimas con Dios son muy personales. Pueden ser privadas y santas. Sea muy abierto, afable y sensible durante la sesión de asesoría de hoy. Esté abierto a las cosas que Dios pudo haber dicho esta semana, o a Su silencio. Este sería un buen momento para orar más. Ya debería iniciar y terminar con oración sus tiempos de asesoría. Hoy puede incluir esperar en Dios, alguna confesión, o alguna intercesión por usted mismo o por alguien más. Recuerde respetar los límites. No se presionen más allá de su zona cómoda. Disfruten de este tiempo precioso con Dios y entre sí. Estoy orando por usted al escribir esto. Ruego que Dios lo encuentre de una forma sobrenatural.

Conversaciones rompehielos:

1. ¿Fue criado en una familia de oración? ¿Es parte de su tradición y experiencia??
_____
_____

2. Si no fue su familia, ¿quién lo introdujo a la oración? ¿Cuándo y dónde?
_____
_____

3. ¿Recuerda una ocasión cuando Dios respondió claramente la oración de una forma definitiva?
_____
_____

4. Repase la sesión. Repase sus respuestas. ¿Hay alguna enseñanza especial, un personaje, o un concepto que realmente lo cautivó?
_____
_____

5. ¿Es la oración una parte regular de su vida? Si no, ¿qué puede hacer para iniciar el hábito de orar?

_____

_____

6. Hablamos del vínculo entre los padres, ante todo los padres, y nuestra visión de Dios. ¿Lo impactó eso de una forma que está listo a compartir? Sea muy dócil, gentil y tierno en esta área. Los dañinos recuerdos del pasado pueden ser difíciles, sobre todo si nunca se han compartido. Oro que Dios le de valor, y sane toda que haya que compartir. Lea la siguiente reflexión como parte de esta pregunta.

_____

_____

La Realidad del Maltrato:

Años atrás, estaba haciendo un ejercicio de redacción con un grupo de líderes. Ni siquiera insinuaré qué, dónde o quién por respeto de total privacidad. Si estuviste allí sabrás quién eres. Por favor, respeta la privacidad de todos si reconoces este relato. ¡Amo mucho a cada uno de ustedes! Y estoy muy orgulloso de quién eres.

Laboramos en un ejercicio de redacción personal. Al dar un vistazo a su pasado, escribe un relato personal de las cosas positivas y negativas que ha vivido. Mientras escribíamos nuestros relatos, una mujer saltó y salió corriendo de la habitación. No tenía idea de lo venía. Más tarde, al leer nuestros relatos, quedé asombrado de los relatos de violación, maltrato y abusos sexuales. No sólo de las mujeres, sino de los hombres. Hombres cristianos maduros lloraban relatando que fueron violados por un vecino cuando eran niños. Mujeres lloraban relatando cosas que nunca habían contado a nadie. Sentado, lloré al darme cuenta de lo profundo del daño y del dolor que estos preciosos líderes habían experimentado. Déjeme decirlo de nuevo. Estos eran hombres y mujeres de Dios con muchos años en la obra Dios. Sin embargo, muchos de ellos nunca habían relatado sus más terribles secretos. Era el tiempo de Dios para iniciar el proceso de su sanidad.

Estoy consciente de estar pisando terreno Santo y horrible en este momento. Pero si Dios te trajo aquí para este momento de sanidad, entonces te ruego que confíes en tu mentor y atravieses la puerta. Abusador o maltratado, no importa. Comparta su dolor y permita que Dios sane su corazón. Abra una nueva puerta a Padre Celestial y pruebe lo que la sanidad y la libertad pueden ser. Es una caminata. Pero inicia con un paso de confianza. ¡Te amo, y estoy orando por ti ahora mismo! Si esta reflexión se conecta con cualquiera de ustedes preciosas hijas de Dios, por favor vaya a www.hopeafterbetrayal.com y dígale a Meg que JumpStart las envió. Ella entenderá.

7. Tómense un tiempo para orar juntos ahora mismo. Considere hacer una lista de las cosas que tiene en su mente y corazón. Escríbalas. Hable con Dios acerca de ellas. Continúe elevándolas a Dios en oración, y luego mantenga un registro de lo que sucede con respecto a cada una de ellas. Mantener una lista de oraciones por escrito con un registro de las respuestas, puede edificar grandemente la fe. Sólo sea prudente y cuidadoso al escribir y archivar peticiones delicadas. A menudo escribo oraciones en código que sólo yo puedo entender.

_____
_____
_____
_____

OIKOS:

Ha pasado la semana estudiando varios aspectos de la oración. Algunas de sus mejores oportunidades para orar ya están rodeándole. Dios ha colocado soberanamente y maravillosamente a personas en su OIKOS. En sesiones futuras, hablaremos acerca de amarlos, servirlos y compartir el evangelio con ellos. Hoy puede comenzar a orar por ellos. Escriba los nombres de aquellos que Dios ha puesto a su alrededor. Elija sus ocho a quince personas más cercanas. Luego, principie a orar por ellas. Pídale a Dios que las atraiga y se revele a ellas. Usted se sorprenderá viendo qué puede suceder cuando sumerge a su OIKOS en oración.

Reflexión Final:

Una vez más, usted ha tocado la punta del témpano. Siga orando. Use el modelo de Jesús. Tenga la persistencia de Daniel. Adopte las promesas. Si desea algo que anime y desafíe su alma, escuche este sermón por el Pastor Jim Cymbala del Tabernáculo de Brooklyn. El enlace continúa activo desde 10/2016.

www.youtube.com/watch?v=U79YOKje2zU

Guía de Oración:

Padre Celestial:
Vengo a ti en el nombre de Jesús y te pido que envíes al Espíritu Santo para que me enseñe a orar. Me gustaría conocerte, sentirte y escuchar tu voz.
Deseo abrirme por completo a todo lo que eres.
Por favor permite que la oración que le diste a San Pablo, encuentre su cumplimiento en mi vida, Amén

Cuando pienso en todo esto, caigo de rodillas y elevo una oración al Padre, el Creador de todo lo que existe en el cielo y en la tierra.
Pido en oración que, de sus gloriosos e inagotables recursos, los fortalezca con poder en el ser interior por medio de su Espíritu. Entonces Cristo habitará en el corazón de ustedes a medida que confíen en él. Echarán raíces profundas en el amor de Dios, y ellas los mantendrán fuertes.

Espero que puedan comprender,
como corresponde a todo el pueblo de Dios,
cuán ancho, cuán largo, cuán alto y cuán profundo es su amor. Es mi deseo que experimenten el amor de Cristo, aun cuando es demasiado grande para comprenderlo todo.

Entonces serán completos con toda la plenitud de la vida y el poder que proviene de Dios. Y ahora, que toda la gloria sea para Dios, quien puede lograr mucho más de lo que pudiéramos pedir o incluso imaginar mediante su gran poder, que actúa en nosotros. ¡Gloria a él en la iglesia y en Cristo Jesús por todas las generaciones desde hoy y para siempre! Amén.
Efesios 3:14-21 (NTV)

Jumpstart: Sesión 7
"La Invitación"

> **Introducción:**
> Oí un chiste sobre que el fútbol y la iglesia son muy parecidos. Porque los domingos, aquellos necesitan ejercitarse, ¡están sentados viendo a quienes necesitan un descanso! La increíble verdad es que Dios tiene trabajo para todos Sus hijos. La Iglesia no se trata de creyentes descansados viendo corretear a líderes agotados. La verdadera iglesia se trata de líderes, llamados y equipados por Dios, ¡alzándose, entrenando y propagando un ejército de discípulos! ¡Todo el pueblo de Dios está invitado! ¡Qué asombroso! Tienes un importante papel que desempeñar en el Cuerpo de Cristo.

Versículos Claves para la Memorización y Reflección: Efesios 2:10 (NTV)
Pues somos la obra maestra de Dios.
Él nos creó de nuevo en Cristo Jesús, a fin de que hagamos
las cosas buenas que preparó para nosotros tiempo atrás.

Lección:

¡Con mucha frecuencia, la iglesia parece ser un lugar donde la gente va a ver un evento! ¡El lugar donde la gente pecadora se sienta para ver al santo profesional decirle sus verdades! Nada está más lejos de la verdad. Dios ha llamado y dotado particularmente a cada uno de Sus preciosos hijos para que sirvan. La semana que viene, veremos en acción la maravillosa gama de dones espirituales dentro del Cuerpo de Cristo. ¡Hoy nos enfocaremos en el llamado de todo creyente! Permita que la Palabra de Dios, no la tradición de la iglesia defina su lugar en el Cuerpo.

1. Revise Marcos 1:16-20.

A. ¿Qué llamado les hizo Jesús a los discípulos?

_____

_____

B. ¿Qué prometió Jesús enseñarles, o hacer de ellos, si le seguían?

_____

_____

C. ¿Qué hicieron los discípulos?
___

D. ¿Cómo cree que se sintieron aquellos que quedaron atrás sobre lo sucedido? ¿Podrían los futuros discípulos sentirse divididos? ¿Cómo se sentiría usted?
___
___

2. 1 Pedro 4:10 ¡es una gran declaración! ¡Nos dice lo que Dios nos ha dado y lo que debemos hacer con eso! Preste especial atención a la frase "cada uno de ustedes".

A. ¿Qué le da Dios a todo creyente?
___

B. ¿Qué debe hacer con los dones de Dios?
___
___

3. El Apóstol Pablo nos da un gran patrón de la armonía y el ministerio en el Cuerpo de Cristo.

Romanos 12:6-8 (NTV)
Dios, en su gracia, nos ha dado dones diferentes
para hacer bien determinadas cosas.
Por lo tanto, si Dios te dio la capacidad de profetizar,
habla con toda la fe que Dios te haya concedido.
Si tu don es servir a otros, sírvelos bien. Si eres maestro, enseña bien.
Si tu don consiste en animar a otros, anímalos.
Si tu don es dar, hazlo con generosidad.
Si Dios te ha dado la capacidad de liderar,
toma la responsabilidad en serio.
Y si tienes el don de mostrar bondad a otros, hazlo con gusto.

A. ¿Tienen todos los mismos dones y llamado?
___
___
___

B. Pablo menciona varios dones diferentes. Después de cada don, describa una acción o actitud que describe cómo debemos usar el don. ¿Qué palabras son?

_____

_____

C. ¿Cuál de estas palabras describe mejor su compromiso de servir a Dios?

_____

_____

_____

4. **Mateo 25:14-28** Es una parábola muy famosa acerca de nuestra fidelidad con los dones, talentos y habilidades que Dios nos da. Lea la historia y preste especial atención a lo que el maestro le dice a todo siervo. Al leer la historia, piense en su participación en el Reino de Dios.

A. ¿Es usted uno de los siervos "bien hecho"? ¿Por qué?

_____

_____

_____

B. ¿Está en el grupo "Tenía miedo y enterré a mi talento"? ¿Por qué?

_____

_____

5. Ahora, vamos a examinar una porción fundamental de la Palabra de Dios. Este pasaje define mi comprensión del rol primario del pastor en una iglesia. ¡Gócelo!

Dele a Efesios 4:11-12 & 16 (NTV) una leída bastante cuidadosa porque es muy importante. Puede desafiar su opinión del real papel de su pastor en la iglesia.

A. ¿Qué dones dio Dios a la iglesia?

> Ahora bien, Cristo dio los siguientes dones a la iglesia: los apóstoles, los profetas, los evangelistas, y los pastores y maestros.

_____

_____

_____

B.   Si usted es uno de estos dones únicos que Cristo le dio a su iglesia, ¿cuál es su trabajo? Si usted es uno del pueblo de Dios, ¿cuál es su trabajo?

Ellos tienen la responsabilidad de preparar al pueblo de Dios para que lleve a cabo la obra de Dios y edifique la iglesia, es decir, el cuerpo de Cristo.

_____

_____

C.   Reflexione en el versículo 16. ¡Usted es único, especial e importante para la causa de Cristo y el Cuerpo de Cristo! ¿Qué sucede en la iglesia "si cada parte hace su propio trabajo especial"?

Él hace que todo el cuerpo encaje perfectamente. Y cada parte, al cumplir con su función específica, ayuda a que las demás se desarrollen, y entonces todo el cuerpo crece y está sano y lleno de amor.

_____

_____

_____

D.   Preguntemos el versículo 16 al revés. ¿Qué crees que sucede en la iglesia si el pueblo de Dios no toma su lugar, desempeña su papel y usa sus dones?

_____

_____

_____

Reflexión:

Muchas iglesias siguen un patrón artificial tradicional para el ministerio. El hombre o mujer, va a la escuela y "Aprende a ser un ministro". Cuando se gradúa, regresa a la iglesia donde pasa la vida "Practicando el ministerio". El profesional pagado es tan bueno en ministrar que puede reunir una fiel multitud de seguidores diezmadores. Con el tiempo se desarrolla una espléndida relación de codependencia. El pastor ama ser ministro, y el pueblo ama ser ministrado. Esto daña el glorioso plan de Dios para Su iglesia.

Dios dio apóstoles, profetas, evangelistas y pastores/maestros como regalos a Su iglesia y usaran sus dones para equipar a todos los creyentes en el uso de sus dones. El pastor de la iglesia no es un ministro. Cristo lo dio a la iglesia para dotar a los santos en la obra de su ministerio. Dios da dones a todos sus hijos. Dios tiene trabajo para todos sus hijos. Sucederán cosas asombrosas cuando todos los creyentes usen para el bien de todos, los dones que Dios les dio. Los miembros de la iglesia deben liberar a su pastor de los deberes tradicionales de los ministros para que puedan hacer la verdadera labor pastoral de "Equipar a los santos para el trabajo de sus ministerios". Pídale a su pastor que sea un entrenador, no solo el hacedor.

6. ¿Qué autoridad tiene todo cristiano para servir a Dios y usar sus dones? En los versículos anteriores hemos visto el claro llamado a la participación. ¡Ahora San Pedro te dirá quién eres en Cristo! Recuerda la Palabra de Dios siempre triunfa sobre la tradición. Permite que Pedro defina tu posición en Cristo.

1 Pedro 2:4, 5, 9B (NTV)
Ahora ustedes se acercan a Cristo,
quien es la piedra viva principal del templo de Dios.
La gente lo rechazó, pero Dios lo eligió para darle gran honra.
Y ustedes son las piedras vivas con las cuales
Dios edifica su templo espiritual

Además, son sacerdotes santos. Por la mediación de Jesucristo,
ustedes ofrecen sacrificios espirituales que agradan a Dios.

Porque son un pueblo elegido.
Son sacerdotes del Rey, una nación santa, posesión exclusiva de Dios.
Por eso pueden mostrar a otros la bondad de Dios,
pues él los ha llamado a salir de la oscuridad y entrar en su luz maravillosa.

Pedro está escribiendo a todos los creyentes en este pasaje. Mire con atención las palabras que usa.

Ustedes son las piedras vivas, sacerdotes santos, pueblo elegido, Sacerdotes del rey, y posesión exclusiva de Dios.

Dios le ha llamado, le ha ungido, le ha designado, le ha dotado y le ha colocado.
¡Nadie tiene el derecho de privarle del glorioso llamado, posición
o ministerio que Dios tiene para usted!

Según Pedro, ¿qué te califica para mostrar a otros la bondad de Dios? [Versículo 9B]

_____

_____

7. Antes de terminar esta sesión, vamos a ver un hermoso ejemplo en el A.T. donde Dios llama a un líder para compartir la unción y el ministerio con el pueblo que él dirige. Rastrearemos el relato en Números 11 en el A.T. hasta Hechos 2 en el N.T.

A. Lea Números 11:10-15. ¿Se estaba divirtiendo Moisés dirigiendo a los hijos de Israel? ¿Por qué crees eso?

_____
_____

B. ¿Cuál fue la solución de Dios? [Versículos 16-17]

_____
_____
_____

C. ¿Qué hizo Dios? [Verses 24-25]

_____
_____

D. Ahora, lea los versículos 26-30.

¿Por qué estaba preocupado Josué?

_____
_____

¿Cuál fue la respuesta y la actitud de Moisés?

_____
_____

Pensamiento:

Moisés no estaba preocupado por su ego o posición. Quería que el pueblo de Dios recibiera todo lo que Dios tenía para ellos. Estaba lo aptamente seguro para no afligirse en cuanto a quién usaba Dios. Moisés clamó con el corazón de un verdadero líder. Quería el espíritu de Dios para todo el pueblo de Dios. Quería que Dios los usara para Su gloria. La oración de Moisés se hizo realidad el día de Pentecostés al cumplirse la profecía de Joel.

No, lo que ustedes ven es lo que el profeta Joel predijo hace mucho tiempo:
"En los últimos días —dice Dios—, derramaré mi Espíritu sobre toda la gente.
Sus hijos e hijas profetizarán.
Sus jóvenes tendrán visiones, y sus ancianos tendrán sueños.

> En esos días derramaré mi Espíritu sobre mis siervos
> —hombres y mujeres por igual— y profetizarán.
> Hechos 2:16-18 (NTV)

Conclusión:

Es importante que los creyentes crezcan en la fe y habilidad del ministerio. Los cristianos deben ser aprendices de por vida. Aun así, el Señor no nos llamó a servir basados en nuestra habilidad y conocimiento. Cristo nos llamó de las tinieblas a la luz por Su gracia. El Espíritu Santo nos dio dones para servir al mundo y a la iglesia. Dios nos dio el papel de sacerdotes en la casa de Cristo. Todo lo que tenemos viene por la gracia de Dios. La gran verdad es que Dios ha llamado, dotado y colocado a cada uno de Sus hijos en el Cuerpo de Cristo según Su buen propósito. Cuando todos hacemos nuestro trabajo bajo la bendición y la unción de Cristo, la iglesia crece y prospera. Es un fabuloso plan.

Dios está buscando dos claras respuestas de cada uno de ustedes.
Primero: su disposición a decir con el profeta Isaías: "¡Heme aquí Señor, envíame a mí!".
Segundo: su fidelidad de usar para Su gloria, lo que Dios le ha dado.

> Lucas 19:17 (NTV)
> "¡Bien hecho! —exclamó el rey—. Eres un buen siervo.
> Has sido fiel con lo poco que te confié, así que como
> recompensa serás gobernador de diez ciudades".

> 1 Corintios 4:2 (NTV)
> Ahora bien, alguien que recibe el cargo
> de administrador, debe ser fiel.

Cristo nos ha salvado, llamado y dotado. ¡Tiene trabajo para nosotros! Él nos pide que confiemos en Él, le sigamos, le obedezcamos y le seamos fieles. ¡Él sabía lo que estaba haciendo al colocarlo en Su Cuerpo, la Iglesia! No tenga temor de poner sus dones en acción. ¡Sólo Dios sabe lo que sucederá si usted actúa con fe y hacen lo que Él le está llamando a hacer! Creo que su Mentor, Líder de Célula, y su Pastor se emocionarán cuando usted se ponga de pie y diga: "Estoy listo para servir. Enséñenme y ayúdenme a encontrar mi lugar".

RECUERDE:

Tratamos, fracasamos, aprendemos,
y ojalá lo hagamos mejor la próxima vez.

Mi papa me enseñó a esquiar cuando tenía
cinco años. Él me dijo repetidamente:
"¡Si no te caes, no estás intentando!".

Lo importante es seguir intentándolo.
Levántate cuando caigas.
¡Sigue aprendiendo, sigue sirviendo!
Algún día lo harás bien,
o al menos mejoraste.

¡De todos modos, la gloria no te pertenece!

Dios tomará tus mejores esfuerzos,
¡los tocará con Su poder y gloria, y los usará para
lograr cosas increíbles!

Eres un miembro valioso y precioso
del Cuerpo viviente de Jesucristo.

¡Nunca permitas que ninguna persona impida hacer
lo que Dios te ha llamado y te ha dotado para hacer!

Jumpstart: Asesoría 7
"La Invitación"

Tocando Base:

En la próxima sesión examinará los dones espirituales que Dios da para ayudarle a hacer el trabajo al que Él le ha llamado. Hoy es el momento perfecto para comenzar a hablar con su mentor acerca de servir en su iglesia local. Comparta sus experiencias pasadas al servir en la iglesia. Si usted es nuevo en la iglesia, comparta lo que significa para usted el llamado de Dios. Sé que el "Sacerdocio de todos los creyentes" puede retar algunas tradiciones religiosas. Así que, siempre permita que la Palabra de Dios tenga la última Palabra. Cuidado con cualquiera que intente mediar entre usted y Dios, o limitar el uso de los dones que Dios le ha dado. Siempre y cuando los esté utilizando dignamente y en orden. Bajo la debida guía de los líderes de sus iglesias. Si no le permiten servir, ¡pregúnteles por qué!

Conversaciones rompehielos:

1. Piense en las experiencias pasadas que ha tenido en la iglesia. ¿Ha sido usted un participante involucrado o un espectador pasivo?

2. Repase la sesión. ¿Qué versículos o preguntas, le llamaron la atención? ¿Qué le dijeron? ¿Cómo le desafiaron?

3. Vuelva a la pregunta # 5. ¿Cual es el singular papel del pastor y cual es el asombroso papel de todo miembro del Cuerpo de Cristo? ¿Qué libertad le da esto? ¿Qué responsabilidad le acompaña?

4. Ahora vuelva a la pregunta # 6. ¿Qué autoridad le da la Palabra de Dios?

5. ¿Hay algún trabajo o ministerio que haya deseado hacer en su iglesia, capilla o comunidad de fe? Hable con su mentor sobre las formas en que puede participar.

_____
_____
_____
_____

Pensamiento:

Quiero celebrar cómo Dios llama y dota a cada uno de Sus hijos. Trabaje con los líderes de su iglesia local. Ellos deben ayudarle con gusto a crecer y explorar áreas de ministerio. Es muy importante darse cuenta que usted es único y especial. Toda persona que paga las facturas, que cocina, que limpia los baños, dobla los boletines, enseña a los niños, o predica el mensaje el domingo por la mañana es esencial para el trabajo eficaz de la iglesia local. La iglesia es poderosa cuando todo el pueblo de Dios usa sus dones, talentos y habilidades. Estoy orando que Dios abra nuevas y asombrosas áreas de servicio para usted. No hay nada más fascinante que servir a Cristo y Su pueblo.

OIKOS:

A medida que principia a verse a sí mismo como un siervo de Dios, oro que Él le abra sus ojos al campo misionero que le rodea. Uno de los recursos más poderosos para impactar el mundo es el servicio. Puede que no esté de acuerdo con su teología, pero probablemente aceptaré un vaso de agua fría en un día caluroso. Estamos viviendo en un mundo donde la gente puede tener miedo el uno del otro. Usted sabe que Dios ya le ha dado un círculo especial de influencia para servir. La semana pasada empezó a orar por su OIKOS. Esta semana le reto a que principie a buscar formas de servir a su OIKOS. Oro que su OIKOS haya notado el cambio en su espíritu. Oro que asistan a su bautismo. Oro que estén percibiendo a Dios obrando en sus vidas como resultado de su influencia. Y ahora oro que Dios le permita amar en su OIKOS a través del servicio y las buenas obras.

Reflexión Final:

Nike dice: "Sólo Hazlo".
El Tío Sam dice: "¡Te Quiero a Ti!"

Jesús dice: "Si me seguís, os haré pescadores de hombres". Él le ha llamado, le ha salvado, le ha dotado y le ha colocado en Su Cuerpo, la Iglesia. Él desea que usted confíe en Él, y use los dones que Él le ha dado. ¡Más que nada, Jesús le pide que sea fiel! ¡Si usted es fiel y está dispuesto, Dios lo usará para Su gloria! ¡Haga lo mejor que pueda, con lo que tiene, donde está, y déjele lo demás a Dios!

Jumpstart: Session 8
"El Equipamiento"

Introducción:

Los dones espirituales son una de las áreas más importantes e incomprendidas en la vida de la iglesia moderna. No es sorprendente que el enemigo tome algo potencialmente poderoso para el avance del Reino y lo convierta en un tema que causa una guerra civil en Su iglesia. Esta semana vamos a mirar la maravillosa lista de dones que el Señor usa para equipar a Su pueblo. ¡Le prometo de antemano que no vamos a forzarlo a nada o quitarle algo! Disfrute de este viaje de descubrimiento. ¡Oro para que vea algo de una nueva forma!

Versículos Claves para memorización y reflexión: 1 Co. 12:7 (NTV)
Un don espiritual es dado a cada uno de nosotros para la ayuda mutua.

Lección:

Esta semana veremos las listas básicas de dones espirituales en el N.T. Responderemos a la pregunta clave: "¿Quién es el dador y asignador de los dones?" Dividiremos y veremos los dones de acuerdo a nuestra personalidad. Oro para que esta lección anime su exploración de dones espirituales y aleje parte de la tensión que puede dividir el Cuerpo de Cristo sobre este impresionante tema. Disfrute la caminata.

> Hace 30 años en Azusa Pacific University
> Mi mentor Dr. Bruce Baloian
> compartió un dicho que nunca he olvidado.
> "No puedes poner el Espíritu Santo en una caja
> y no puedes hacerle bailar.
> Algunos cristianos se meten en problemas
> cuando elaboran una teología basada en lo
> que piensan que el Espíritu debe hacer.
> ¡Otros erran decidiendo poner límites al Espíritu!
> Ambos extremos nos desvían
> ¡No lo ponga en una caja
> o trate de hacerle bailar!

1. Principie elaborando su propia lista de dones espirituales. Use las listas en Romanos 12:6-8 y 1 Corintios 12:8-10 y 27-28. Usted puede encontrar duplicados, así que incluya cada don una sola vez.

   _____   _____
   _____   _____
   _____   _____
   _____   _____
   _____   _____
   _____   _____
   _____   _____
   _____   _____
   _____   _____
   _____   _____
   _____   _____
   _____   _____
   _____   _____

2. 1 Pedro 4:11, nos da dos categorías de don espiritual. Pedro habla de hablar y ayudar. Otra traducción habla de palabras y servir. Aquí hay algo muy importante. A unos nos gusta pasar al frente y hablar. A otros les gusta hornear galletas para la comida compartida. Todos nuestros dones son importantes para el Cuerpo de Cristo. Necesitamos buena predicación, notas importantes, café caliente, y alguien que concilie la chequera. Todos los dones son importantes y todos los hijos de Dios son dotados. ¡Nadie es mejor que nadie en el Cuerpo de Cristo! Usted es especial y esencial.

1 Pedro 4:11 (NTV)

¿Has recibido el don de hablar en público?
Entonces, habla como si Dios mismo estuviera hablando por medio de ti.
¿Has recibido el don de ayudar a otros?
Ayúdalos con toda la fuerza y la energía que Dios te da.
Así, cada cosa que hagan traerá gloria a Dios por medio de Jesucristo.
¡A él sea toda la gloria y todo el poder por siempre y para siempre! Amén.

Vuelva a la lista que creó en la pregunta uno. Ponga una **H** al lado de los regalos que implican hablar. Ponga una **S** al lado de los dones relacionados a servir. Después de haber clasificado los dones, haga un poco de reflexión personal. ¿Es usted principalmente un hablador o un servidor? ¿Prefiere hablar o hacer algo?

HABLAR ☐   SERVIR ☐

Aquí hay otra manera de pensar sobre esto. Imagine que hay cuarenta personas sentadas en la habitación contigua. Están listos y esperando. ¿Prefiere estar en la parte de atrás de la sala y organizar la mesa de libros o prefiere ir al frente y contarles una historia? Recuerde que ambas respuestas son correctas. Muchos de ustedes encontrarán una de estas opciones emocionante, y la otra, aburrida o espantosa. Para algunos ambas serán igualmente excelentes. Todo está bien. Sólo estoy tratando de hacerlo pensar en su tipo de personalidad, quién es, lo que le gusta.

La buena noticia es que, en el Cuerpo de Cristo, todo ministerio es importante. A mí me encanta hablar. Hablar es fácil para mí, siempre lo ha sido. Simplemente pregúnteles a mis maestros de primaria que me dieron una mala calificación por hablar en clase. No entendieron que, para mí, hablar era importante, ja, ja, ja. Alabo a Dios por los músicos de las iglesias, por los maestros de niños, los que pagan las cuentas, los que preparan los salones, y por los acomodadores. El servicio de adoración estaría en serios problemas si nadie encendiera el sonido, luces y equipo de video los domingos. Alabado sea Dios por cada boletín doblado y comida preparada. Alabado sea Dios por todo miembro dotado. Anime a todos y no humille a nadie. ¡Necesitamos a todos en el Cuerpo de Cristo!

3. ¿Quién recibe un don? (Recuerde: Si una pregunta no tiene sentido, intente contestarla usando la NTV).

A. 1 Pedro 4:10

B.	Mateo 25:14	(Ver los talentos o el dinero como si fueran dones).

4.	¿Quién es el dador de los dones?
A.	1 Corintios 12:4-6

B.	1 Corintios 4:7

C.	Romanos 12:6

5.	¿Qué debe hacer con los dones y la gracia que Dios le ha dado?
	Mateo 20:28

A.	1 Corintios 15:10	[¿Cuál es la parte de Dios, y cuál es la suya?]

B.	Consideremos 1 Samuel 17:45-46. ¿Revela el joven David las mismas dos dinámicas en acción?

6.	¡Dios no nos dio dones por lo buenos y talentosos que somos! En Romanos 12:6a, hay una palabra clave que describe la actitud de Dios hacia sus dones. ¿Cuál es?

Reflexión:

Cuando te arrepientes de tus pecados y aceptas a Jesucristo como Señor y Salvador, Él te bautiza en Su Cuerpo, la Iglesia. Lo emocionante de pertenecer a Jesús es que Él tiene trabajo para que lo hagas. Dios le da a cada uno de Sus hijos al menos un don espiritual poderoso y específico. Dios nos da dones a causa de su gracia. Él nos da dones con la expectativa de que los usaremos. No para nuestro ego o elogios. No por riqueza o posición. Dios nos da sus dones de gracia para que los usemos para el bien común, para la edificación del Cuerpo de Cristo. Dios te ha dotado para que sirvas a los demás. Es así de sencillo y poderoso.

Lo asombroso es que usted es precioso e importante. Juntos somos el Cuerpo de Cristo. El cuerpo humano tiene muchas partes con diferentes propósitos y lo mismo sucede con el Cuerpo de Cristo. Escuche las palabras de San Pablo al describir esta asombrosa unidad dentro del Cuerpo de Cristo. Usted es parte del Cuerpo del que él habla.

1 Corintios 12:12-26 (NTV)

El cuerpo humano tiene muchas partes, pero las muchas partes forman un cuerpo entero. Lo mismo sucede con el cuerpo de Cristo. Entre nosotros hay algunos que son judíos y otros que son gentiles; algunos son esclavos, y otros son libres. Pero todos fuimos bautizados en un solo cuerpo por un mismo Espíritu, y todos compartimos el mismo Espíritu.

Yes, Así es, el cuerpo consta de muchas partes diferentes, no de una sola parte. Si el pie dijera: «No formo parte del cuerpo porque no soy mano», no por eso dejaría de ser parte del cuerpo. Y si la oreja dijera: «No formo parte del cuerpo porque no soy ojo», ¿dejaría por eso de ser parte del cuerpo? Si todo el cuerpo fuera ojo, ¿cómo podríamos oír? O si todo el cuerpo fuera oreja, ¿cómo podríamos oler? Pero nuestro cuerpo tiene muchas partes, y Dios ha puesto cada parte justo donde él quiere.

¡Qué extraño sería el cuerpo si tuviera sólo una parte! Efectivamente, hay muchas partes, pero un solo cuerpo. El ojo nunca puede decirle a la mano: «No te necesito». La cabeza tampoco puede decirle al pie: «No te necesito».

De hecho, algunas partes del cuerpo que parecieran las más débiles y menos importantes, en realidad, son las más necesarias.

Y las partes que consideramos menos honorables son las que vestimos con más esmero. Así que protegemos con mucho cuidado esas partes que no deberían verse, mientras que las partes más honorables no precisan esa atención especial. Por eso Dios ha formado el cuerpo de tal manera que se les dé más honor y cuidado a esas partes que tienen menos dignidad. Esto hace que haya armonía entre los miembros a fin de que los miembros se preocupen los unos por los otros. Si una parte sufre, las demás partes sufren con ella y, si a una parte se le da honra, todas las partes se alegran.

7. ¿Qué le dicen las palabras anteriores de San Pablo respecto su lugar en el Cuerpo? ¿Hay espacio para la diversidad en el Cuerpo? ¿Hay espacio en el Cuerpo de Cristo para usted y sus dones?

___

8. 1 Corintios 14:26 (NTV) nos brinda una bella bendición.

Ahora bien, mis hermanos, hagamos un resumen.
Cuando se reúnan, uno de ustedes cantará, otro enseñará,
otro contará alguna revelación especial que Dios le haya dado,
otro hablará en lenguas y otro interpretará lo que se dice;
pero cada cosa que se haga debe fortalecer a cada uno de ustedes.

¿Cuál es la clave para el uso saludable de los dones espirituales?

___

Conclusión:

Dios dio dones a cada uno de ustedes para unificar, no para dividir. Los dones usados en sumisión mutua, amor y respeto, son fuente de tremenda bendición para el Cuerpo de Cristo. Los dones no deben ser temibles o confusos. Los ojos y corazones del mundo se abren cuando ven que los dones que el Señor dio, son usados apropiadamente.

Si Dios otorga dones a su comunidad espiritual. Él desea ver que son usados completamente, decentemente y en orden. Ninguna persona puede pretender darle ninguno de los dones. Porque no pueden. Tampoco debería ningún ser humano negar los dones. Porque es Dios quien los da.

OKAY ARTISTAS: ¿CÓMO VEN LOS DONES ESPIRITUALES?

Jumpstart Asesoría 8

"El Equipamiento"

Tocando Base:

Usted y su mentor tendrán mucho que hablar hoy. Esta sesión puede haber validado los dones que ya sabe que tiene y los que ya está utilizando. Esta sesión puede haber introducido algunas cosas que le son nuevas. Oro por que usted y su Mentor tengan una buena plática respecto al tipo de persona que usted es y lo que Dios puede haberle dado para hacer. Recuerde, este es una caminata. Mientras usted sirve en la iglesia y explora diferentes áreas de ministerio, creo que encontrará su sitio de gozo y efectividad. Siga buscando hasta que lo encuentre.

Conversaciones rompehielos:

1. Continúe estudiando a través de cada sesión. Marque las cosas que le interesan y le hablan. Concéntrese en lo que conecta con su caminar. Repase la lección y comparta los versículos y pensamientos que le impactaron, lo desafiaron o le molestaron.

_____
_____
_____
_____

Recuerde:

Estudiar la Biblia es como comer pescado. Disfrutar de la carne y escupir los huesos. Aférrese a lo que comprende. No se preocupe por las cosas que no entiende, simplemente siga estudiando. Se sorprenderá de cómo las cosas que aprende en un área, se conectarán y aclararán las cosas que lea o estudie en otra. Cuanto más crezca, más cosas se asociarán, y todo se esclarecerá. Es una vida de descubrimiento.

2. Regrese a la lista de dones espirituales.

A. ¿Es usted, principalmente, un platicador o un servidor? ¿Es esto consistente con su personalidad?

_____
_____

B. Al leer la lista de dones, ¿reconoció algunos de ellos como cosas que ya le gusta hacer?
___
___
___

C. ¿Vio un don o llamado que le gustaría tener? Esté dispuesto a pedirlo a Dios.
___
___
___

3. ¿Hay un área de servicio o ministerio que le gustaría probar? Si la hay, converse con su Mentor, Entrenador o Pastor. Confío que les agradará ayudarlo a descubrir el gozo de servir de acuerdo a sus dones.
___
___

Pensamiento:

No permita que los dones espirituales, especialmente el debate sobre las lenguas, le intimiden. No "¡Tire la fruta sana con la podrida!" Si tiene preguntas que van más allá de su Mentor, acérquese a su Pastor o a su Entrenador.

Hay excelentes libros y estudios para ayudarle a discernir los dones que Dios le ha dado. Ellos son un excelente seguimiento a JumpStart. Hable con su Mentor sobre esta posibilidad. Nada reemplazará jamás el buen y antiguo proceso de probar ministerios que le parezcan interesantes. Invite a personas de su confianza a ser honestos con usted acerca de su desempeño en ese ministerio en particular. Otro buen método de discernimiento es simplemente preguntarse: "¿Me estoy divirtiendo?". Servir en mi "punto ideal" tiende a producir alegría, tanto para mí como para los que estoy sirviendo.

Si no lo disfruta, y otros no lo están disfrutando. Pruebe otra área. No sufra silenciosamente en un ministerio que no le gusta. Tristemente, es así como los creyentes pueden amargarse. La vida es demasiado corta y el Cuerpo de Cristo es demasiado diverso para que usted permanezca atorado. Sea honesto con sus líderes e intente algo más. Haga esto hasta que encuentre el ministerio ideal. Luego, disfrute y bendiga a otros.

OIKOS:

La semana pasada pudo haberse preguntado: "¿Cómo se supone que debo amar y servir a mi OIKOS? ¿Cómo se supone que debo servir en la iglesia?" Esta semana aprendió de los increíbles dones, talentos y habilidades que Dios le ha dado. No necesita amar, servir y orar por su OIKOS, solo. Dios le ha dado Su Espíritu Santo. Le ha dado habilidades sobrenaturales. Él está obrando en usted y en su círculo de influencia. Al caminar de cerca de Cristo, se sorprenderá de cómo su vida fluirá orgánicamente a través de usted hacia los que le rodean. No es necesario forzar nada. Simplemente ame a Jesús y permita que Él obre a través de usted. Descubrirá más de esto en el Volumen Dos.

Sugerencia final:
¿Sabe cuál es su don espiritual?
¿Y lo está usando activamente para la gloria de Dios?

A. Examine la lista de dones.
B. Repase las categorías relacionas a Hablar y Servir.
C. Considera tu personalidad. ¿Quién eres en realidad?
D. ¿Qué te gustaría hacer? ¿Qué te gustaría intentar hacer?
E. ¿Qué lo ven haciendo sus piadosos amigos de confianza?

PENSAMIENTO MISIONERO:

Lo asombroso de los dones y la personalidad, es la inmensa diversidad en el Cuerpo de Cristo. Doug era un capellán del ejército. Steve dirige un campamento. Justin es médico en una Sala de Emergencia. Pooh Bear era un oficial de la policía. Darla, Traci y Teri son maestros o profesores universitarios. Mike dirige una misión. Bud dirigía un estudio bíblico concurrido por prostitutas y artistas de Las Vegas. Él era su amigo y ellos lo amaban y confiaban en él, ¡y su esposa también! Walt es un misionero. El próximo mes, Michael se unirá al capellán civil asignado a una unidad al frente de batalla del ejército ucraniano. Jennifer es una mamá de escuela en el hogar que está levantando un negocio en Lu La Roe que puede fascinar a cientos de niños con su enseñanza bíblica. Chris, pastorea una iglesia, dirige un negocio, y es alpinista junto a sus hijos mayores. Shannon, es asistente en un ministerio infantil y Jeremy puede dirigir un ministerio de grupos pequeños en una iglesia de varios miles de personas. Todos hacen lo que hacen, para la gloria de Dios, con corazones alegres. La gente ve a Cristo en ellos todos los días. Todo es impresionante.

Otros amigos míos lavaron platos en Thousand Pines, sirvieron en comedores público, o entregaron sándwiches a personas sin hogar en Filadelfia. Cada uno de estos preciosos hombres y mujeres están usando sus dones para la gloria de Dios. No hay casillero o molde en el que debes encajar. No permitas que alguien más te fuerce a uno.

Mi hija fue a un grupo de mujeres una vez y se le preguntó si en su niñez, tuvo una limitada oportunidad en el Cuerpo de Cristo. Ella dijo que no, "Mi papá siempre me dijo que ejerciera el don que Dios me dio en su llamado". Realmente es así de sencillo. Haga lo que le gusta hacer. Hágalo bien. ¡Gócese sirviendo a Jesús en cualquier lugar! Sea creativo y fuera de lo establecido. Principie un ministerio que nadie ha pensado nunca. Busque el sabio consejo cristiano y sea profundamente bíblico, pero jamás permita que alguien le aplique el viejo traspié: "NUNCA LO HEMOS HECHO ANTES". O "PUEDE FALLAR". ¡Y Qué si su propuesta es demolida! He intentado cosas en el ministerio que terminaron siendo una pérdida de tiempo y dinero. ¡Y QUÉ! APRENDA DE SUS ERRORES E INTENTE HACER ALGO MÁS GRANDE Y MÁS LOCO. Cúlpeme a mí, soy de suficiente edad como para salirme con mi antojo.

Si está leyendo esto, y el temor lo tiene del cuello, o si está sentado pensando: "no puedo hacer esto, o no puedo intentar eso, soy demasiado joven, o muy viejo, o soy una chica, o soy un chico, o lo que sea". Quiero que pienses en mi querido amigo, Roland.

A finales de 1999, Roland hizo una cita para verme en mi oficina. Fue algo muy formal e inusual. Entró y le pregunté si había algo malo. No, todo estaba bien. Pero había conocido a una mujer más joven y deseaba casarse. Él quería que me hiciera cargo de su consejería y del servicio. Me reí a carcajadas respecto a su consejería prematrimonial. Waneta asistía a otra iglesia, pero su pastor era un amigo, así que no preví ningún un problema. El 13 de febrero de 2000, los casé en el salón Fireside Room de nuestra iglesia. Durante su luna de miel, viajaron por tren de California a Nueva Jersey, para poder mostrarle el sitio donde él nació y creció.

En marzo de 2015, dos días antes de su muerte, le pregunté a Roland su secreto. Él me dijo que cada noche antes de irse a la cama, se arrodillaba y agradecía a Jesús otro día de vida. Me senté con él en su sofá, al cual se había encaminado. Las lágrimas rodaron por mis mejillas. Estábamos tomados de la mano, y me sentía como si estuviera tocando una corriente que iba directamente a Dios. Fue un momento santo. Le pregunté a Roland si tenía algún remordimiento. Pensó un momento y luego me dijo: "Sólo uno. Mi cumpleaños es el mes que viene, y no creo que llegaré a 107".

**Encuentre sus talentos, libere su pasión, evite las excusas,
Ya no tenga temor, dese una grande y loca oportunidad,
Y haga algo increíble con Jesús.**

Sea Abierto:

Usted se encuentra en un Grupo de Célula, estudio bíblico, o adoración y mientras alguien está compartiendo: tiene una visión clara del Espíritu respecto a lo que debe suceder. De pronto, sabe algo o piensa algo que no ha visto, entendido o pensado antes.

¡Sea abierto a cómo y cuándo el Espíritu puede alertarle!
No tenga temor. Ábrase. ¡Confíe en Dios!
¡Vaya a donde Él le guíe!
¡Hágalo bondadosamente, sabiamente, y mansamente!

¡Nunca sabrá cuánto Dios
quiere usarle hasta que confíe en él lo suficiente
para permitirle que lo haga!

BENDICIÓN DEL VOLUMEN UNO:

Señor Dios Todopoderoso:
Recibo a Jesucristo de Nazaret como mi Señor y Salvador.
Te acepto como mi Padre Celestial.
Invito al Espíritu Santo a entrar en mi vida,
Y a que sea mi maestro, guía, director y consolador.

Entrego a Cristo y Su Reino: mi cuerpo, mente,
alma y recursos. Condúceme, guíame, dirígeme,
y protégeme. Quiero ir a donde quieras que vaya,
decir lo que deseas que diga,
hacer lo que deseas que haga, y ser el hombre
o la mujer de Dios que me has llamado ser.

Líbrame de los poderes diabólicos de esta era.
Utilízame a tu gloria y recíbeme
en tu eterno reino celestial cuando
mi caminata en este mundo terrenal,
haya terminado.

En el poderoso nombre de Jesucristo,
AMÉN

SU SIGUIENTE PASO

Felicitaciones por completar las primeras ocho sesiones de JumpStart. Ha invertido muchas horas de estudio, oración y de compartir. Mi oración es que haya crecido en fe y conocimiento. Oro para que, de ese tiempo, haya nacido una relación más profunda con su Señor Jesús, Pastor, Mentor, Grupo Celular, y el Compañerismo de la Iglesia local.

Si está listo para dar el siguiente paso, su Mentor o su grupo pueden continuar con el Volumen Dos de JumpStart.

JumpStart
Su Discipulado Cristiano

El Volumen Uno te llevó a estudiar los fundamentos de la fe cristiana. El Volumen Dos explorará el llamado de Cristo y cómo poner en práctica el llamado. Explorará los poderosos elementos de la mayordomía cristiana. Examinará Qué Hacer y No Hacer de la conducta cristiana. Usted estudiará los requisitos del carácter de los líderes cristianos y el aspecto de vivir, conducir y servir en el Cuerpo de Cristo. Al final, verá los modelos de Celebración en el Antiguo y Nuevo Testamentos, en los Grupos Celulares, y de Asesoría. Ellos representan grupos grandes, grupos pequeños y relaciones individuales. No importa qué palabras usen sus iglesias locales para describirlas, usted aprenderá las bases bíblicas de ellas.

El Volumen Uno le ayudó a aprender lo básico de Caminar con Jesús. El Volumen Dos le encaminará a servirle a Él. ¡Estoy impaciente por ver lo que Él tiene para usted! Me encantaría recibir un correo electrónico sobre lo que Dios está haciendo en usted, su grupo, o su iglesia. Si encontró errores o malas preguntas: acepto sus pensamientos y correcciones. JumpStart es siempre, un trabajo en curso.

Mi Oración por Usted:

Señor, oro por cada persona que ha tomado este tiempo para estudiar tu Palabra y conectarse con un Mentor. Ruego que los llenes nuevamente con el poder de tu Espíritu Santo. Ayúdalos a crecer y seguir aprendiendo. Fórmalos en el hombre o mujer de Dios que los llamaste a ser. Rompe las cadenas que les atan, sana cualquier recuerdo que les atormente y aplasta todos los hábitos que les obstaculicen. ¡Utilízalos para tu gloria en el desarrollo de tu Reino! En el precioso, poderoso, sublime, y misericordioso nombre de Jesús. AMÉN

ACERCA DEL AUTOR:

El Dr. Paul M. Reinhard nació en Ft. Sill, Oklahoma en 1955. Su familia pronto regresó al sur de California, donde creció y pasó su juventud. Se graduó de Glendale High en 1973 y se unió al Ejército de los EE.UU. el 1 de abril de 1974. ¡DÍA DE LOS INOCENTES!!

Pasó los siguientes cuatro años entrenando y sirviendo. Él estuvo en el A-732 del Grupo Séptimo de Fuerzas Especiales, y A-595 en el Grupo Quinto de Fuerzas Especiales. Paul se graduó de la Escuela de Paracaídas de Baja Altura (HALO por sus siglas en inglés) y de las Fuerzas Especiales de Operaciones Bajo Agua (SFUWO por sus siglas en inglés). Su equipo asistió a la Escuela de la Selva en Panamá, operaciones de montaña en Puerto Rico y entrenamiento de Guerra de Invierno en Alaska durante enero. Durante su última temporada de servicio, su equipo trabajó y entrenó con una SADM (Estrategia de Demolición Nuclear de Munición, SADM por sus siglas en inglés). Esta parte de su entrenamiento fue recientemente desclasificada por el Ejército de los EE. UU.

Aunque durante el día, Paul poseía una acreditación de seguridad a nivel Nuclear, por la noche, él y sus amigos eran devotos "fiesteros empedernidos". En el verano de 1977, el loco estilo de vida llevó a Paul a tomar una decisión. A través de una multitud de encuentros y eventos "al azar", el Señor Jesús sacó a Paul de su estilo de vida pecaminoso y lo introdujo a la iglesia.

En 1978 Paul fue dado de alta del ejército con honores y volvió a Glendale, California. Conoció y se casó con Karen Louise Maddux. Él estaba asistiendo a la universidad bíblica L.I.F.E cuando se enteraron de que Karen estaba embarazada de su primer hijo. Paul necesitaba un trabajo por lo que solicitó, y fue aceptado, al Departamento de Policía de Glendale. Chris nació el 5 de julio de 1980 pocos días antes de que Paul se graduara de la Academia de Alguaciles de Los Ángeles, Clase 200.

Aunque el DPD de Glendale proveía para pagar las deudas, el corazón y llamado de Paul se inclinaban al ministerio. Durante los años siguientes Paul vendió automóviles, dirigió una ruta de jardinería, y finalmente se graduó de la universidad Azusa Pacific University con una Licenciatura en Literatura Bíblica. Su hija Jennifer nació el 20 de julio de 1983, cuando Paul todavía era un estudiante. Él se graduó en 1985.

La familia fundó el ministerio juvenil en la iglesia Sunland Baptist Church. Pablo continuó estudiando en el Seminario Fuller. En 1988 la familia se trasladó a Fresno y Paul continuó estudiando por la noche en el Seminario Teológico de California. Trabajó durante el día para Power Burst como Director de Eventos Especiales. En 1992 la familia empacó todo y se mudó a Woodstown, N.J. Paul era el Pastor Juvenil a tiempo parcial en la Primera Iglesia Bautista y un estudiante de tiempo completo en el Seminario Teológico Bautista Oriental, ahora conocido como Seminario Palmer. Paul se graduó en 1994. En 1995, Paul aceptó el llamado a la iglesia Calvary Baptist Church en San Bernardino, California, donde pastoreó durante veintiún años.

Paul y Karen pasaron veintiún años dirigiendo la iglesia a través de un cambio de nombre a NorthPoint, un incendio provocado de millones de dólares, una compañía de seguros en quiebra, la reconstrucción y la supervivencia de deudas. Ellos persistieron en guiar a una iglesia Bautista tradicional a través de cambios en la adoración, la constitución y la membresía. ¡Hoy la iglesia está unificada, creciendo y buscando la voluntad de Dios para su futuro bajo el excelente liderazgo de su hijo Chris!

En el 2008, Paul comenzó el programa de Doctorado en Ministerio en el seminario Golden Gate Theological Seminary, ahora conocido como Gateway. Tuvo el privilegio de estar en la cohorte de la Iglesia Celular dirigida por el Dr. Ralph Neighbour, Jr. Durante los últimos ocho años Dios ha solidificado el enfoque de Paul. A Paul le encantan grupos grandes y ama a los Grupos de Células. Sin embargo, él cree que es la experiencia individual la que transforma las vidas, moldea el carácter y prepara a los líderes.

A Paul y Karen les encanta hacer vida con sus hijos, Christopher y Jennifer, sus esposos Shannon y Jeremy, y sus seis nietos Ashlee, Zoe, Hannah, Lucas, Noah y Busy Lizzy.

A los sesenta y un años, ¡Paul se siente muy bendecido, vivo y curioso respecto a los próximos cuarenta años! Si Paul puede servirle a usted, su iglesia, capilla o ministerio: hablando, soñando, entrenando, asesorando u orando; por favor acérquese y conéctese.

LLAMADA O TEXTO:
909-855-9695

CORREO ELECTRÓNICO:
PaulMReinhard@Gmail.Com

ORACIONES Y NOTAS:

ORACIONES Y NOTAS:

ORACIONES Y NOTAS:

www.ingramcontent.com/pod-product-compliance
Lightning Source LLC
Chambersburg PA
CBHW081016040426
42444CB00014B/3231